CÓMO DEJAR DE SER EMPLEADO PARA SIEMPRE

Descubre Cómo Dejar tu Trabajo y No Regresar
Nunca más a la Vida del Empleado

ALBAN BALL

Índice

Introducción: el empresario

Para mí, la vida emprendedora es un viaje en el que hacemos uso del don que hemos recibido. Hacemos uso de nuestros talentos y dones para crear una oportunidad para nosotros y los demás.

Recientemente vi un video en Facebook de un discurso de Steve Harvey hablando al respecto de este tema. Fue un momento entre él y su audiencia presente en el estudio después de su famoso programa, *The Family Feud*. En este corto video de cinco minutos, Steve no dijo nada más que verdades. Conformarse con un trabajo es simplemente existir. Estar en un trabajo al que detestas asistir y hacer es encontrarse en estado de mera supervivencia. Cuando decidimos que queremos hacer uso de nuestros talentos para hacer mucho más que un simple trabajo, es ahí cuando realmente comenzamos a vivir.

Ahora, podrías argumentar que tú amas tu trabajo, que disfrutas realmente hacer lo que haces.

Créeme, entiendo a lo que te refieres y conozco a muchas personas que me dirían lo mismo. Pero, ¿por qué no hacer aquello que amas, ganar más dinero y aparte ahorrar más tiempo para ti? En lugar de desperdiciar tus dones y talento haciendo a tu jefe cada día más rico, ¿no sería mejor enfocar dichos dones y talentos en maximizar tu propio potencial?

¿Qué hubiera ocurrido si Oprah Winfrey nunca hubiera tomado su carrera en sus manos y creado su propio programa de televisión? ¿Qué sería de ella si se hubiera quedado como presentadora de noticias? ¿Hubiese tenido la oportunidad de cambiar tantas vidas como lo ha hecho con su propio programa?

¿Qué pasaría si Steve Jobs se hubiese quedado con *Atari* y hubiera trabajado toda su vida subiendo la escalera corporativa como un empleado? ¿Podríamos estar disfrutando de los beneficios de los productos Apple hoy en día? ¡Por supuesto que no!

Sin las contribuciones de estos líderes emprendedores, el mundo se habría quedado mucho más atrás de lo que podríamos imaginar hoy. Por supuesto, alguien en algún otro lugar pudo haber tomado sus papeles pero nadie puede posiblemente reemplace sus caracteres y cómo jugaron un papel importante en nuestra sociedad.

¡ADVERTENCIA! La vida del emprendedor no es fácil.

Habrá retos y dificultades con las que te podrías encontrar a lo largo del camino.

Quiero decirte esto ahora antes de que entretengas falsas esperanzas acerca de la vida que vas a tener. La experiencia seguramente será gratificante, pero si piensas que te harás millonario después de seis meses de abrir tu negocio, cambia tus expectativas. ¿Es posible que llegues a hacer dinero pronto? ¡Por supuesto! Pero he visto emprendedores que logran crecer sus negocios con gran rapidez y terminan en la ruina igual de rápido. Quizá te estés preguntando "¿cómo es que eso sucede? ¿Crecer *muy* rápido?" Una organización empresarial sólida requiere tiempo para crecer. Necesita pasar por un periodo de maduración para poder ser capaz de sostener el crecimiento durante un largo tiempo.

Si lo que quieres es que tu negocio se mantenga vigente por mucho tiempo, debes entender que convertirse en emprendedor es equivalente a correr una maratón. Debes ser lo suficientemente rápido como para ganar *momentum*, pero igual mantenerte consistente para poder mantener tu negocio funcionando sin problemas.

Cuando inicié mi negocio, no había experimentado nada más que fracaso y cometido miles de errores. Mi primer cliente se había quedado insatisfecho y quería un reembolso.

De hecho, se rehusó a pagar hasta que logramos negociar la mitad del precio original. ¡Qué vergonzoso! Después de aprender mi lección, mi segundo cliente estuvo encantado con la experiencia.

Tuve momentos en los que pensé que entraría en quiebra sólo por la cantidad de deudas que había acumulado para poder mantener el negocio en marcha. Pero conocía mi objetivo. En lugar de enfocarme en las deudas, decidí centrar mi atención en ganar más dinero y en aumentar mis ingresos comerciales. No había manera de que diera un paso atrás. Siempre era cuestión de "levántate y continúa".

Si tomaste este libro por mera curiosidad o porque te encuentras especulando acerca de la vida emprendedora, te invito entonces al mundo de las posibilidades. Los emprendedores no piensan exactamente de la misma manera en la que lo hacen los empleados. Hay una clara diferencia en su mentalidad. Ciertamente discutiré estas diferencias a lo largo del libro y probablemente te percates de ello.

He aquí la pura verdad y la perspectiva que yo poseo acerca de las diferencias entre el mundo del emprendimiento y el del empleo formal. Si alguna vez has experimentado la vida de un empleado, probablemente hayas pasado por la temida "hora pico" y sabes lo que eso significa para ti. Pasar algo así como una hora en medio del tráfico para llegar al trabajo. Mientras estás en el trabajo, ¿sabías que la mitad del dinero que ganas es tomado por el gobierno? Piensa en las manos de quién llega primero tu cheque, si es que aún no lo captas. Averigua qué significa FICA en tu talón de pago. Y luego, adivina quién toma parte de lo que gastas al ir de compras. Oh, sí. El Tío Sam lo ha hecho de nuevo visitando tu cajero personal, es decir, tus impuestos de ventas.

Claro que, al manejar de vuelta a casa, es otra hora en la que inviertes. ¿Mencioné que nunca te pagan después de manejar por dos horas? Así que, de las ocho horas que te la pasas trabajando, cuánto del dinero que ganas es realmente tuyo? Algo así de la mitad. El 30% de tu cheque, 10% en la tienda, y un poco más si es que tienes una casa o un coche. Incluso el agua ahora tiene impuestos.

Bueno, podrás estar diciendo "¿qué no los dueños de negocios sufren lo mismo que nosotros?" Veamos, cuando estos ganan nuestro dinero, el gobierno no logra cobrarlo antes. Va directo al banco de la compañía. Aún no se involucra FICA. Ahora, como dueños de negocios, nos tomamos la libertad de invertir nuestro dinero en financiamiento de nuestro negocio mismo.

Muchas cosas podrían ser consideradas como inversiones del negocio. Por ejemplo, si manejas en tu auto propio al momento de hacer diligencias del trabajo esto podría contar como una inversión. A fin de cuentas lo haces para el beneficio de este y no propio. De igual manera, unas vacaciones podrían considerarse "viajes de negocio" si éstas contribuyen a la promoción del negocio, entre otras cosas. Como jefe de tu propia compañía puedes dirigir tus tiempos, organizar tus actividades y financiar tu vida y tu negocio, todo al mismo tiempo y con gran comodidad.

He aquí la mayor diferencia entre un empleado y un emprendedor. Como empleados, intercambiamos lo más valioso que tenemos por el precio menos satisfactorio. Los empleados cambian el tiempo por dinero.

Es por eso que decimos que nos pagan "por horas". El tiempo es lo más valioso que tenemos. Uno de mis mentores me lo dijo un día, y esto me voló la cabeza.

1

El quién

"El punto principal es primero conseguir que las personas adecuadas suban al autobús y las personas equivocadas bajen del autobús antes de averiguar dónde conducirlo" -Jim Collins.

Honestamente, pensé en comenzar con el "por qué" como el primer capítulo de este libro. Fue una decisión difícil. Tanto el "quién" como el "por qué" son igualmente importantes para iniciar un negocio. ¡Al final, decidí ir primero con el "quién" porque vamos a hablar de TI! Porque ante cualquiera de tus clientes, proveedores, inversores y socios; ahí estás tú. Eres la persona más importante en este contexto. Y sí, tus clientes también son importantes.

. . .

gente, están llenas de energía y gustan de la compañía son extrovertidos.

Antes de ir más allá, tómate el tiempo de responder al cuestionario de personalidad de MBTI. Existen muchas páginas que proveen dicho cuestionario. Te recomiendo que te inclines a responder una evaluación de entre 30 a 50 preguntas. Mientras más preguntas, el resultado tiende a ser más preciso.

Las personas suelen decirme que los extrovertidos son mejores emprendedores, yo no estoy de acuerdo con esta afirmación. He visto a muchas personas introvertidas exitosas que han incluso superado a los miembros extrovertidos de la comunidad de emprendedores. Se trata más bien de cómo enfocas y canalizas tu energía social natural en conseguir el éxito. Sólo porque seas un extrovertido no significa que no seas capaz de ser exitoso.

En mi opinión, las personas introvertidas son muy inteligentes cuando de datos se trata. Son increíblemente detallistas, analíticos en los números, en los patrones y en sus pensamientos. He visto introvertidos ser pioneros y los líderes de increíbles productos tecnológicos. Necesitarás de alguien así cuando se trate de manejar los detalles de ahora enfócate en tus fortalezas. En muchas ocasiones, los nuevos emprendedores se quedan pensando en lo que no tienen más que en lo que sí tienen y lo que pueden hacer para comenzar.

Trabajando en ti mismo

Así como estás trabajando para crear tu negocio, la primera y más importante tarea es trabajar en ti mismo. Llamaremos a esto desarrollo personal. Aprenderás a amar todo eso con bastante rapidez, te lo prometo. Quiero que comiences reservando 30 minutos hasta una hora todos los días para pasar tiempo contigo mismo, a solas. Si decides que esta es la primera tarea que planeas realizar, ¡muy bien por ti!

Cómo comienzas tu día puede determinar cómo será el resto de este. No, no vas a encender las noticias de la mañana. No empiece el día con la basura negativa que le viene a la mente. Afectará tu actitud.

En ese tiempo de treinta minutos a una hora, te vas a aislar del resto del mundo.

¡Esta será una gran oportunidad para terminar y leer el resto de este libro! ¡30 minutos al día! Sé curioso y aprende a superarte a través de las experiencias y el conocimiento de los demás. ¡El hecho de que hayas elegido este libro dice que estás en el camino correcto!

También puedes utilizar tu tiempo de desarrollo personal para ver una clase en línea sobre cómo adquirir una nueva habilidad. Asegúrate de estar concentrado en construir conocimiento por tu propia cuenta, no por el hecho de que tienes que hacerlo. Este es un momento en el que puedes trabajar en ti mismo. No trates este tiempo como una tarea.

Personalmente, amo este momento porque puedo beber mi té en silencio y realmente me concentro en desarrollar mi mente y mi cuerpo.

Elige positividad

Cuando te despiertes por la mañana, tienes ante ti una decisión muy importante. Muchos mentores me han dicho que la forma en que pasas los primeros 15 minutos de tu día puede afectar drásticamente el resultado del resto del día.

Como mencioné, evita consultar las noticias de la mañana.

. . .

De hecho, no enciendas la televisión o cheques el celular en absoluto. Lo que escuches, veas y sientas finalmente moldeará tu actitud con el tiempo. Si constantemente llenas tu mente con noticias negativas, todo lo que serás será una persona negativa. La negatividad entra y la negatividad se va. Si realmente quieres impactar al mundo de una manera positiva, debes alimentar tu mente con positividad.

Verás, tu mente es como una esponja. Ya sea que estés prestando atención o no, tu mente subconsciente captará todo. Es por eso que tu entorno es importante, especialmente en lo que respecta a las personas con las que te juntas. Cuando una esponja absorbe agua sucia, esta esponja se ensucia.

¡Rezuma agua sucia! ¡Literalmente! Pero cuando corres agua limpia a través de ella, eventualmente te encontrarás con una esponja limpia.

Quiero que pruebes un experimento durante los próximos 30 días. Durante este tiempo, quiero que evites deliberada e intencionalmente todas las formas de noticias. No me importa si es FOX, CNN, NBC, BBC o incluso Onion News. Créeme, no lo necesitarás. El 90% no se aplica a ti de todos modos.

Si estás en algún tipo de carrera financiera y tienes que ver las noticias del mercado, ¡está bien! Pero no te dejes atrapar.

Si tu negatividad proviene de tus amigos, necesitas un nuevo grupo de amigos o diles que se lleven su negatividad a otra parte. Esta es una simple ley de asociación. Echa un buen vistazo a tus amigos más cercanos. Si todo lo que hacen es chismear, quejarse y ridiculizar a los demás, lo más probable es que tú no seas diferente. Si tus amigos se quejan activamente contigo de cuánto odian sus vidas, entonces debes alejarte. Más adelante, voy a hablar de las personas de las que deberías rodearte.

Ahora no te estoy diciendo que te deshagas de todos tus amigos. Solo necesitas encontrar los amigos correctos a los que atenerte. Podrías estar diciendo "¡pero son mis amigos!"

Bueno, ¿lo son? ¿Los amigos dejarían a sus amigos hundirse en la negatividad? Yo, por mi parte, trato la negatividad como una toxina. Si tus amigos están vertiendo material tóxico por toda tu cabeza, es muy claro que es posible que necesites nuevos amigos. Lo que quieres es tener amigos que puedan ser un buen apoyo y darte una mejor perspectiva sobre las decisiones que vas a tomar en tu negocio.

Construyendo hábitos saludables

¡Esta es mi parte favorita! Cuando se trata de desarrollo personal, elegir a las personas adecuadas, o elegir la positividad, debes automatizarlo.

Tus nuevos hábitos son aquello que te ayudará a crecer y llegar al éxito. Podrás tener la mejor meta en el mundo, pero deberás esforzarte mucho más de la cuenta si no tienes buenos hábitos.

Cuando primero te embarcas en un cambio, te enfrentarás a la resistencia. Justo como un cohete siendo proyectado al aire, se necesitará una cantidad masiva de esfuerzo al principio. Pero una vez que este se encuentra fuera de la atmósfera terrestre, no se necesita casi nada de energía para cambiar de dirección y tomar impulso.

Lo que te voy a pedir que hagas será muy complicado al inicio. Una vez que repetidamente tomes acción para desarrollar hábitos saludables, se convertirá en un proceso casi automático para ti.

Pero primero, hablemos de los malos hábitos. Aprendí este concepto del libro de Darren Hardy titulado The Compound Effect. En su libro, Darren habla de una de las mejores maneras de deshacerse de un mal hábito.

En lugar de tratar de disminuir la intensidad de un sólo mal hábito, trata de adherir buenos hábitos que funcionen en contraposición. Darren pone el ejemplo de un padre que tiene el mal hábito de ver televisión por demasiado tiempo.

En lugar de tratar de parar este mal hábito, lo que hizo fue encontrar un pasatiempo del que eventualmente se hizo apasionado. Fue, buscó una buena cámara y tomó maravillosas fotos de la naturaleza y de sus hijos. Así, ya no se encuentra pegado al sofá sino que se dedica a pasar el tiempo con sus hijos haciendo algo que ama. Y, al mismo tiempo, se convirtió en una buena influencia para sus hijos.

Si has estado batallando con el mismo problema, adopta un hábito productivo que sirva a favor de tu negocio. Si estás pensando en iniciar un negocio de fotografía, lo mejor que puedes hacer es dar paseos junto con tu cámara. Quizá podrías invitar a tu familia, tu pareja o tus amigos para que te acompañen. Esto no sólo beneficia a tu negocio sino que igual enriquece tus relaciones con aquellos que te rodean.

Ahora, pongamos esto en acción. Te daré 6 pasos a seguir para que adoptes un buen hábito. No hablo de escribir tus resoluciones de año nuevo y terminar olvidándote de ellas después de un día o dos. A lo que me refiero es a realmente poner tus resoluciones en práctica.

Ahora, esto es diferente a establecer metas. Los hábitos se tratan de crear el ambiente correcto para que tus metas puedan desarrollarse. Para que puedas llegar a tus metas, necesitas el ambiente perfecto.

1. **Define el Nuevo Hábito**

Saca algo donde anotar. Prepárate para anotar tus nuevos hábitos. Una tinta verde servirá para aquellos hábitos deseados. De acuerdo a un estudio del color hecho hace algunos años atrás, el color verde afecta de manera positiva a nuestra mente, ¡así que verde será!

Escribe entonces cinco nuevos hábitos que te gustaría comenzar a seguir. Sé preciso y claro sobre lo que quieres.

Puede ser cualquier cosa. Puede ser tan sencillo o tan complicado como desees y en el formato que más se te acomode.

2. ¡Libre de tu resistencia!

El segundo paso es deshacerse de aquello que te detiene. Abandona todo aquello que te perjudica y que impide que adoptes nuevos hábitos.

Si tu nuevo hábito es despertar temprano, averigua qué te impide hacerlo. ¿Te quedas despierto hasta tarde viendo tu programa favorito?

Si te vas a dormir a las 3 de la mañana, es obvio que no desarrollarás un hábito de despertar a las 6 am todos los días. Profundiza en las cosas que te impiden avanzar. ¿Qué te detiene?, ¿es cuestión de tomar una única decisión?

Así que, una vez que hayas identificado aquello que te resiste, ¡deshazte de ello! ¡Ahora! Si te es posible hacerlo, ¡hazlo! Si tu propósito es bajar de peso, ve a la cocina y tira a la basura toda la comida chatarra. Agarra una gran bolsa y llénala de aquello que te impide alcanzar tu meta. Tíralo o dáselo a alguien más.

. . .

3. **Obtén algo de responsabilidad.**

Ahora que no tienes nada que te impida adoptar tus nuevos hábitos, necesitarás a alguien o algo que te impulse hacia adelante. ¿Sabe cómo evitar renunciar? Crea sistemas de responsabilidad que te funcionen. Cuéntales a tus amigos acerca de tus nuevos hábitos. Asegúrate de que te los recuerden.

Otra excelente manera de mantenerte responsable es anunciar públicamente tus nuevos hábitos en Facebook, Twitter, Instagram o incluso Snapchat. Cuando haces algo público, sabes que no renunciarás. Es un compromiso con el nuevo tú. Si algunas personas te critican, no les hagas caso. Su verdadero temor está en darse cuenta de que tú sí estás tomando acción en tu vida y ellos no.

4. **Prográmate.**

Uno de mis mentores me ha dicho que escribir en papel tus nuevos hábitos te hace consciente de ellos, pero programarlos hace que tus nuevos hábitos cobren vida. Quiero que programes tus hábitos en tu agenda y confíes en tu horario.

. . .

Cuando programes tu nuevo hábito, asegúrate de tener suficiente tiempo para hacerlo.

Además, recuerda siempre mantener consistencia en tu calendario semanal. No cambies tu horario cada semana. Si has decidido despertar a las seis de la mañana todos los días, intenta ceñirte a ese plan por el resto de tu vida. A menos que te comprometas con toda tu fuerza, no verás el resultado que deseas. Tampoco quiero que vengas por un reembolso de este libro.

5. Mide tu progreso.

Medir tu progreso te dará una idea general de dónde te encuentras y dónde debes estar. Incluso puedes utilizar tu calendario para realizar un seguimiento de tu progreso. Al final del día, puedes escribir en tu calendario si has tomado medidas al respecto o no.

6. ¡Decláralo!

Otra forma poderosa de impulsar tu nuevo hábito es declararlo.

Cuando proclames la victoria en tu nuevo yo, tu mente subconsciente se sentirá empoderada y con absoluta certeza. Ahora bien, no soy psicólogo, pero hay una clara diferencia entre simplemente escribir las cosas y declararlas con absoluta certeza y claridad. De hecho, ¡haz ambas cosas! Repite esto todos los días.

En última instancia, programarás tu mente para sentirte de estas manera cada vez que adoptes medidas a favor de tu nuevo hábito saludable. No te reprimas de hacer esto. ¡Grita cuando declares! ¿A quién le importa si alguien está escuchando? Todo el mundo es un poco raro de todos modos.

No hace falta que seas normal para tener éxito; se necesita locura para tener éxito.

Te pediré que hagas esto de nuevo cuando establezcas tus metas. Muchas de las cosas que te pediré que hagas se sentirán extrañas e incómodas de hacer. Pero, ¿sabes qué?, es aquí donde crecerás más. Sal de tu zona de confort y ve en busca de tu mejor yo. Si tu versión actual de ti mismo no te ayuda a alcanzar el éxito, entonces no detengas a tu nuevo yo de tomar el control.

Rodeándote de las personas correctas

Con quién te rodeas jugará un papel muy importante en la configuración de tu mente y tu negocio.

En este capítulo, te daré una guía sobre con qué tipo

de personas deberías juntarte y quiénes deberías dejar a un lado.

No pretendo enseñarte cómo hacer amigos ni decirte que abandones a los que ya tienes. Lo que quiero lograr es que aprendas a estar alerta ante el efecto que ciertas personas tienen en ti, ya sea positivo o negativo.

Ahora, una cosa importante que debes saber es que quiero que seas honesto contigo mismo y con la forma en que eliges a las personas que te rodean. Si crees realmente que las personas con las que te relacionas son una mala influencia, elimínalas de tu vida de inmediato. Hay mejores personas que quieren ayudarte a que te desarrolles y transformes en aquello que indica tu verdadero potencial.

Eres lo que tus amigos son

La ley de asociación dice que cinco de tus amigos más cercanos definirán quién eres. Entonces, si a estos amigos les encanta consumir drogas recreativas o incitan a la violencia innecesaria, es probable que tú estés consumiendo drogas o incitando a la violencia como lo hacen tus amigos. De igual manera, si estos tienen éxito y están dispuestos a ayudar a otros, entonces las posibilidades son que tú, también tendrás éxito y te convertirás en una influencia positiva para los demás.

Comprende que quién te rodea también afectará a tu negocio. En última instancia, tú y tu empresa están estrechamente vinculados, especialmente durante la fase inicial. Si deseas que tu negocio crezca, también necesitas hacerlo tú.

Eso comienza con las personas con las que te asocias.

Elige amigos que serán responsables de tus acciones y de los resultados que crees. Preferiblemente querrás tener amigos que sean igual emprendedores o dueños de negocios como lo eres tú. De esa manera, podrán llevarte de la mano a través de los desafíos y dificultades. Otra sugerencia que me gustaría ofrecerte es que te rodees de amigos que sean más inteligentes y más exitosos que tú. Te motivarán e inspirarán a tomar riesgos para que así, tú igual puedas alcanzar el mismo éxito por tu propia cuenta.

Los Cinco Fantásticos

No sólo es importante rodearte de un buen grupo de pares, sino que igual es importante que te familiarices con profesionales que puedan ayudarte a proteger tu negocio a la vez que te provean de orientación a lo largo del camino.

Por supuesto, te recomendaría que mantengas este libro como tu guía primario pero igual quiero que vayas en busca de nueva información.

1. **Abogado.**

Tener un buen abogado te ayudará con el ámbito legal de tu negocio. Ahora, no te asustes cuando te diga que debes conseguir un abogado. Es como ir con el dentista. Todos temíamos ir al dentista, a no ser que hayas sido de esos particulares niños que disfrutaban de dicha experiencia. En última instancia, tener un abogado que te ayude con todo el papeleo te evitará problemas en el futuro.

Vivimos en un mundo donde todo se puede buscar en el internet para obtener respuestas e información. Tengo demasiados emprendedores que me dicen que no necesitan un abogado porque pueden googlear todo. ¡Respuesta incorrecta! Sí, hay un montón de buena información disponible en línea, pero es posible que muchas de ellas no se apliquen a ti y al tipo de negocio que estás ejecutando. He tenido empresarios que gastan dinero en trámites que no necesitaban en primer lugar.

Puedes decir que un abogado es caro, pero los errores que cometerás sin uno serán aún más costosos. ¡Así que presta atención a mi advertencia y busca un buen abogado!

Así que aquí hay algunos consejos para buscar un abogado sólido. ¡Haz buenas preguntas! Encuentra un abogado que trabaje con empresarios y propietarios de empresas.

No trabajes con un abogado de divorcios si lo que estás tratando de hacer es establecer un negocio. Asegúrate de que tu abogado conozca las leyes locales y estatales. Pregúntale a tu abogado qué tipo de experiencia tuvo al trabajar con dueños de negocios. ¿Este abogado ha luchado y ganado casos en la corte? Más importante aún, ¿tiene licencia para ejercer la abogacía en su estado o país? De hecho, conocí a un abogado que ni siquiera tenía licencia y estaba dispuesto a cobrar sus honorarios. Esto es ilegal, por cierto. Por último, busca un abogado que conozca bien la industria en la que se encuentra

2. Contador Público Certificado (CPC)

Ah, los contadores públicos. Junto con tu abogado, haz de tu contador tu mejor amigo. Tu CPC y tu abogado deben asegurarse de que no te metas en problemas y de que ahorres dinero en impuestos. Ahora, hay buenos médicos y malos médicos en el mundo, ¿verdad? Entonces, ¿es razonable creer que también hay buenos contadores y malos contadores? ¡Seguro! Lo que quiero decir es que a algunos contadores públicos no les importa si realmente ahorras dinero en impuestos o no. Pueden no ser conscientes de ciertos códigos o leyes fiscales que pueden ahorrarle dinero en impuestos. No es culpa suya. Lo que no saben, no lo saben y ya.

Al igual que cuando se busca un buen abogado, haz buenas preguntas cuando busques un contador público certificado.

No nombraré servicios específicos por el momento, pero no recomendaría acudir a un servicio de impuestos "estándar".

Me refiero a uno de esos puestos o tiendas minoristas con las que te encuentras con un profesional de impuestos. Quiero que busques un verdadero contador que se haya ocupado de los negocios.

· · ·

3. Desarrollador de Web y de Software.

Considero al desarrollador web y de software como uno de los Cinco Fantásticos por muchas razones. Estadísticas recientes muestran que el 75% de los clientes de EE. UU. están ahora en línea. Eso debería decirte que tu negocio también debería estar en línea. Necesitas poder influir en la decisión de tus clientes porque te están buscando en Google.

Si no eres un experto en tecnología como otros, ¡está bien! Encuentra un desarrollador que esté dispuesto a ayudarte a desarrollar tu negocio en línea. Además, asegúrate de encontrar un diseñador o desarrollador web que comprenda tu negocio. Te digo ahora mismo, que no hay nada más frustrante que un desarrollador web que no entienda tu servicio o producto. Esto es muy importante. Discutiremos esto más a fondo cuando hablemos del "dónde".

4. Socio.

Si estás pensando en conseguir un socio para tu negocio, debes estar consciente de que la relación previa que tengas con dicha persona puede verse afectada. Sin embargo, esto igual podría significar una gran oportunidad para que tú y tu socio compartan la pasión y la emoción de manejar un negocio juntos. Habrá momentos en los que odiarás a tu compañero y momentos en los que lo verás como tu mejor amigo. Todo esto es parte de aprender a comunicar tus pensamientos, ideas y emociones.

Recuerda, sin importar lo que suceda con tu negocio, tu socio siempre debe ir primero en la lista. Debes estar dispuesto a comunicar cada pequeño detalle de los planes que tengas con tu socio. No importa lo minúsculo o poco importante que estos parezcan, compártelo con tu compañero. He aprendido esto cometiendo errores con mis propios socios en el pasado. Tiendo a olvidar compartir información porque siempre estoy enfocado en manejar el negocio a mil kilómetros por hora para así poder llegar a nuestra meta. En ocasiones necesitarás bajar el ritmo de trabajo en aras de aumentar la productividad de la asociación. Sé honesto y claro con respecto a tus pensamientos y lo que sientes con respecto al negocio.

Anteriormente en este capítulo hablamos de tu personalidad y tus fortalezas versus tus debilidades. En general, es una gran idea traer a un socio a tu negocio que pueda ayudarte a compensar tus propias debilidades. Si no eres un buen vendedor o vendedora, entonces encuentra alguien que sea excelente en esta tarea.

No tienes que ser bueno en todo para manejar un negocio. Sólo necesitas ser capaz de encontrar a las personas correctas en los lugares correctos.

. . .

Hace años, en mi primer negocio trabajé de cerca con una persona que era un experto en tecnología asociado a una parte específica de mi negocio. Trabajé con esta persona por un tiempo porque yo no compartía el mismo nivel de habilidad que él tenía. Esta fue una relación de negocio enteramente complementaria ya que él aportaba conocimiento y habilidades que yo no poseía. Mientras él cumplía su papel, yo aportaba en el área de ventas y marketing. ¡Era la combinación perfecta!

5. Especialista de productos o servicios.

Pensé en no poner esto en las listas de los Cinco Fantásticos porque puede que no se aplique para todo el mundo.

Un especialista en productos o servicios es alguien que es muy bueno en lo que hace. Esta persona puede ser un programador informático acérrimo o saber todo sobre las cosas que vendes.

Piensa eficientemente

Cuando consulto con mis clientes, siempre les digo que busquen una manera de operar su negocio con simplemente presionar un botón.

Adoro la filosofía de Steve Jobs de que "un botón lo hace todo". ¿No sería agradable si todo lo que tuvieras que hacer fuera presionar un botón rojo que lo haga todo en tu negocio? Haz que tu negocio sea simple. La complejidad causa desperdicio y propicia errores a lo largo del camino. Esfuérzate en reducir el tiempo y el dinero que inviertes en la creación de un producto o en el desarrollo de un servicio sin sacrificar la calidad.

Pregúntate a ti mismo "¿dónde dentro de mi negocio puedo simplificar las cosas? ¿Qué cosas de mi negocio puedo minimizar sin que afecte a la calidad?"

Recuerda cómo hablamos de sistemas anteriormente. Los sistemas son tus mejores amigos al momento de mantener tu negocio simple, sin complicaciones. Es aquí donde el seguimiento y monitoreo entra en juego. Si sabes dónde te encuentras dentro de tu negocio en lo que a rendimiento y producción respecta, puedes entonces averiguar entonces cómo cortar pasos o reducir esfuerzos extras que te retienen.

Comenzarás a ver áreas en tu empresa que sabrás pueden ser mejoradas. Es por eso que hablaba de un seguimiento y monitoreo de todas las cosas y sistemas que forman parte de tu negocio. ¿Ver como todo se funde a la perfección?

Sé que para algunos de ustedes ahí afuera esto no es algo a lo que están acostumbrados. Eso está bien. Todos tenemos espacio para crecer y cambiar. Si se te hace tan incómodo el monitoreo de datos, encuentra un socio que esté dispuesto a tomar ese papel dentro de tu empresa. Consigue a un compañero que vea las cosas de manera distinta a ti, justo como te mencioné en el primer capítulo de este libro. Saber que tu socio puede ayudarte y guiarte cuando necesites gestionar asuntos respecto a la reducción de procesos y sistemas, dejará que gastarás menos tiempo y esfuerzo tú solo en la creación de un negocio exitoso.

Contabilizando tu dinero

Ahora, antes de ingresar a este tema quiero que sepas que yo no soy un contador público certificado. Sin embargo, hablo como un emprendedor experimentado que ha trabajado con contadores y ha sido capacitado en esta área. Dicho esto, no puedo darte consejos sobre impuestos en este libro. Quiero que busques el consejo de un buen contador público certificado. Convierte a los contadores en tus mejores amigos y permite que te ayuden a hacer crecer tu negocio. Invítalos a cenar o almorzar y conócelos. ¡Ellos también son humanos!

· · ·

Pero para alegrar tu experiencia de trabajo con contadores, te voy a enseñar varias cosas cuando se trata de contabilizar tu dinero.

En primer lugar, realiza un seguimiento y controla tus ingresos, gastos y tu inversión en tu negocio. ¡Categoriza todo!

Puedes utilizar cualquier herramienta que desees. Hagas lo que hagas, siempre realiza un seguimiento, tu contador te pedirá que detalles todo. Esto significa categorizar y etiquetar los gastos en grupos. Entonces, si gastaste dinero en comida, etiquetalo como "comidas y entretenimiento".

¡Eso ayudará a tu contador a ayudarte cuando llegue el momento de la temporada de impuestos!

Esto también incluye cualquier inventario. También puedes ayudar a tu contador categorizando el estado de tu inventario. Hazlo individualmente y cuenta cuántos productos tienes. Registra cuánto inventario tienes y cuánto valen.

. . .

Existen métodos específicos sobre cómo se realiza el seguimiento del inventario, así que habla con tu contador sobre el método adecuado para tu negocio.

Una última cosa, ¡guarda siempre tu recibo cuando realices una compra comercial! Si gastas tres dólares en una reunión de café con un cliente potencial, eso se considera un gasto comercial. ¡Guarda ese recibo! Cuando tengas un recibo, escribe a detalle cada gasto que tengas.

El Servicio de Impuestos Internos (IRS), alias nuestro mejor amigo, te pedirá recibos cuando seas auditado. Date cuenta que no dije "si es que eres auditado" y en lugar dije "cuando seas auditado". Esto porque efectivamente serás auditado en algún punto. Es casi una garantía. Pero cuando esto suceda, quiero que estés protegido tú y tu negocio. Por cierto, si no he mencionado esto antes, más te vale contratar un buen contador.

Guarda tus recibos, escribe breves descripciones sobre los detalles de cada uno de ellos y escanealos para mantenerlos archivados. Si no tienes un escáner puedes usar aplicaciones gratuitas en tu celular que hagan la tarea por ti. No puedo enfatizar más lo importante que es mantener un monitoreo constante de tus finanzas. Muchos de ustedes pudieron haber tomado este libro para aprender a abrir un pequeño negocio pero pagar impuestos y ganar dinero no es una cuestión que podemos tomar con levedad. Oh, ¿mencioné los impuestos? Púes sí, tendrás que pagar impuestos sobre los ingresos de tu negocio. Y, lo más importante, si no sabes lo que estás haciendo podrías meterte en serios problemas cuando llegue el momento de realizar el trámite de impuestos.

Una de las razones principales por las que te pido que mantengas un registro de todo es debido a las cancelaciones de impuestos. Ahora, reitero mi afirmación anterior recordando que yo no soy un CPA, así que no tomes mis palabras como asesoría tributaria.

Por favor, ve con un verdadero CPA si tienes dudas con respecto a tus impuestos. Quiero, de hecho, que le lleves este libro a tu CPA y le preguntes si lo que digo es cierto o no.

Las cancelaciones de impuestos son cualquier gasto que haya incurrido en la producción de ingresos comerciales. Así que, es posible que tengas que gastar una cantidad de $5000 dólares en suministros y equipo a fin de producir una venta valorada en $10 000. Con las cancelaciones de impuestos, no se te cobrará por los $10 000 que has ganado sino que por la cantidad de dinero que haya sobrado después de los gastos. Así que se te cobran impuestos por los $5000 y no por los $10 000 dólares, ¡¿no es eso fantástico?! Ese es uno de los beneficios de tener tu propio negocio. Mientras sean gastos legítimos invertidos en la generación de ganancias, puedes sustraer los gastos de tu total de ganancias y que te cobren por lo que sea que haya sobrado.

Cuando el cambio es necesario

Aquí hay algo que debes saber sobre tu negocio. Siempre te verás en la necesidad de tomar una decisión frente al cambio. La decisión está en tus manos pero debes saber que ante eso hay consecuencias. Cambiar o no cambiar, he ahí la cuestión. Pero cuando todo indica que lo correcto es el cambio para mantener relevante a tu negocio, ¡hazlo!

Esto no es equivalente a renunciar, sino que es mantenerse servicial ante los clientes. Si ellos no quieren o necesitan cierto producto que les ofreces, es momento de cambiar.

En el 2000, la cadena de renta de video DVD y VHS, Blockbuster tuvo que enfrentarse a una decisión. Reed Hastings, uno de los cofundadores del servicio de streaming Netflix se le acercó al CEO de Blockbuster, John Antioco para ofrecerle la adquisición del servicio por $50 millones de dólares.

. . .

Los ejecutivos de Blockbuster simplemente ignoraron a Reed Hastings y su oferta, no veían valor en Netflix. Blockbuster creía que la industria de renta de DVDs nunca iba a cambiar y que siempre tendrían un lugar en el mercado.

Para el 2015, el valor comercial de Netflix alcanzó los $32.5 billones de dólares. Cada dormitorio escolar tenía ahora una televisión con Netflix instalado o al menos lo estaba en otros dispositivos. ¿Dónde está Blockbuster ahora? Te apuesto a que no puedes encontrar siquiera un sólo edificio si buscas a la empresa en Google Maps. Cada una de las tiendas está ahora cerrada.

¿Cómo es que Blockbuster no vió esto venir? ¿Cómo es que no vieron el rápido crecimiento de internet como el punto de partida de un gran cambio?

¿Cómo es posible que Antioco descartó a Netflix como una empresa temporal? Si analizamos el pasado, esas son preguntas obvias que hacer. Sin embargo, nadie pensaba que el internet tuviera tanto poder como para transmitir películas o series de televisión a partir de un pequeño cable de ethernet. Para ver el futuro en una industria, debes primero abandonar tu orgullo. El ayer es historia, el mañana lo es todo. Pero para ganarlo todo, tienes que primero tener nada.

Si tienes éxito en tu negocio propio y tu industria está en ascenso, ten en cuenta todo lo que podría salir mal. ¿Qué cosas puedes identificar con respecto a tu industria que podría terminar por ponerte en la misma situación que Blockbuster? ¿Qué cosas has ignorado que podrían llevar a lo mismo? ¿Te estás dejando cegar por tu propio éxito?

La industria de los discos en vinil es otro ejemplo. Aunque pareciera estar teniendo un regreso a través de un mercado muy específico, ésta nunca terminará por recuperar el éxito que tuvo décadas atrás. Otra industria que pareciera seguir este patrón es la televisión por cable. Pronto, el tiempo pondrá a prueba a la industria y veremos cómo es que lidian con los cambios que el internet conlleva cuando se trata del consumo audiovisual.

Si te crees inmune al cambio, serás el primero en sufrir las consecuencias.

Que no te dejen atrás. Piensa anticipadamente, como si el día de mañana fuera a suceder un gran cambio que afecte a tu negocio. Siempre habrá emprendedores hambrientos que están listos para tirar abajo industrias enteras en el nombre del progreso y el lucro.

¿Quieres saber los secretos para evitar el mismo destino de Blockbuster? No estoy seguro de que tomarás esto de manera positiva, pero tiene que ver con quién estará en lo incorrecto antes que nadie. Se trata de quién puede cambiar con gran velocidad, más que nadie más.

El cambio es necesario. Se trata de mantenerte novedoso y fresco. Al nuevo mercado no le gusta la inestabilidad en absoluto. Quieren que lo que venga después sea nuevo y puedan sentir emoción al respecto.

Esa es una de las cosas que amo de Steve Jobs y sus estrategias de marketing. Él fue capaz de traer innovación al mercado de manera muy elegante. Apple constantemente filtraba secretos e información acerca de sus nuevos productos antes de que llegase la fecha oficial de lanzamiento del producto. Luego, Steve se preparaba para el evento de lanzamiento y permitía que la audiencia sintiera satisfacción por finalmente ver todos aquéllos secretos revelados.

. . .

Casi como si se tratase de el adelanto de una muy buena película a estrenar y darse cuenta que la película es mucho mejor que lo que dicho adelanto te prometía en un principio.

Si quieres ser el líder de la industria, prepárate para salir de tu zona de confort y encontrar nuevas maneras de satisfacer a tus clientes. Sé veloz, más ágil y más flexible. Esa es una cosa que le complicará la vida a tus competidores. Siempre manténte al borde del cambio. Ponte en la mentalidad de "manifestar tu futuro" en lo que respecta a tu negocio.

¿Cuál es la siguiente frontera?, ¿qué es lo que se viene?, ¿puedo convertirme en un agente del cambio?

Haciendo esto, estarás preparado para conquistar a la competencia y estar al borde de todo.

Una nota muy importante. No quiero que seas aquel que espera el cambio si es que tienes la oportunidad de ocasionar por ti mismo dicho cambio. Esta es, en realidad, la mejor posición en la qué estar. La mejor forma de evitar el daño de un cambio inesperado es ser el catalizador del cambio mismo. Sé el líder al iniciar el cambio y haz que el resto de la industria siga tus pasos.

Si puedes convertirte en el próximo Netflix, al final del día saldrás como el vencedor. Algunas veces esto es inevitable si es que pretendes mantenerte relevante en el mercado.

No es sorprendente que algunas de estas corporaciones centenarias estén siendo despedazadas por desertores universitarios capaces de crear softwares maravillosos y manufacturar aplicaciones revolucionarias. Facebook, una compañía de poco más de quince años de existencia ha vencido a compañías que llevan más de cien años en el mercado. El cambio es una palanca que te puede ayudar si tomas ventaja de ella para superar a aquellas empresas que llevan años haciendo las cosas de la misma forma de siempre.

Ninguna clase de educación universitaria te enseñará a cómo anticiparse al cambio y, en ocasiones, la única forma de hacerse inmune a estos cambios desfavorables es convertirse en el líder. No seas una víctima. No reacciones al cambio. En lugar de eso, sé como Netflix con Blockbuster.

· · ·

Sé el cambio.

Finalmente, sé consciente de cómo tus clientes cambian con respecto a cómo tu negocio cambia. El cambio es inevitable y eso significa que tu base de clientela cambiará.

Siempre mantente vigilante para poder identificar qué es lo que cambia a tus clientes y cómo te puedes adaptar a dichos cambios. Si gradualmente te percatas de que debes modificar y encontrar una nueva base de clientela para tu producto o servicio, identifica el porqué de esto. Mi punto es que, esta tarea es una que no termina nunca. Nunca dejes de aprender cosas sobre tus clientes. La adaptabilidad es un aspecto muy importante cuando uno trata de mantener un negocio fresco, novedoso e interesante para el mercado.

Tu enemigo número uno

¿Quién es tu enemigo número uno? ¿Son tus competidores? ¿Los detractores?

¿Los que te odian? Pues, adivina. Ninguno de ellos es realmente tu enemigo. ¿Sabes quién sí lo es? ¡Tú mismo!. Tú eres tu peor enemigo.

. . .

Eres la única persona responsable en tu negocio. No tus amigos, no los detractores, ni tu familia, mucho menos tu producto o servicio mismo. Eres tú. Si tu producto o servicio no se vende, toma un paso atrás y reflexiona sobre lo que estás haciendo. Si estás poniendo la culpa en otro lado que no seas tú, entonces nunca serás capaz de mejorar. Debes entender que eres la única persona que puede cambiar tu negocio y mejorar la experiencia de tus clientes.

Tu enemigo realmente puede presentarse de varias maneras, fuera de la irresponsabilidad por supuesto.

Así que aquí te presento el top 4 de los némesis de los que debes proteger tu negocio, producto o servicio:

Complacencia

La complacencia es lo que termina por acabar con las empresas más grandes. Hace que las empresas se relajen demasiado hasta el punto de crear una falsa creencia de que están seguros ante cualquier complicación. De hecho, ninguna empresa está protegida por completo del desastre.

¿Recuerdas lo que sucedió con la crisis financiera del 2008?

Si no estás familiarizado con ello, en el 2008 muchas empresas sufrieron grandes pérdidas, en especial aquellas que se habían confiado de una falsa sensación de seguridad.

Nunca te pongas en la mentalidad de ver atrás y pensar "¡Wow! ¡Mírenme! Ni siquiera tengo que volver a trabajar".

Eso está mal. Quiero que imagines qué hay organizaciones dedicadas a destruir empresas. ¿Recuerdas la ley de Newton? Cuando tú enfocas tus esfuerzos en conseguir resultados positivos, de igual manera encontrarás una resistencia equivalente.

Sólo porque tu negocio esté vendiendo aquí y allá no significa que sea aprueba de balas. No significa que no pueda convertirse en algo del pasado en un dos por tres.

Sigue mejorando tú como emprendedor, tu negocio, tu producto y tu servicio.

Irresponsabilidad

Otra arma mortal para tu negocio. Es muy sencillo culpar al mundo cuando las cosas salen mal. Si ésta es tu tendencia, deshazte de ella. Pon esfuerzo en cambiar y dejar espacio para la reflexión. No te culpes por quejarte, convierte eso en algo positivo. Yo sé que algunas personas suelen ponerse emocionales cuando las cosas fallan, pero debes mantener tus emociones bajo control y tomar un gran respiro.

He aquí un consejo de acción. Cuando sea que experimentes un desliz o algo similar, quiero que comiences a experimentar sobre cosas que puedas mejorar. Juega con las posibilidades. Diviértete. No te agobies tratando de tener éxito todo el tiempo. Ten una actitud positiva.

Para este punto espero que te rodees de gente con una buena actitud que te guíe en el buen camino. Ve con estas personas y pide ayuda y consejo. Esto es ser responsable. No tiene nada de malo buscar ayuda. Todo ser humano tiene sus defectos.

. . .

Mente cerrada

Este es quizá el némesis más prevalente con el que tendrás que lidiar. Quiero ahora dibujar una línea muy clara entre enfocarte y ser de mente cerrada. A veces, esos dos pueden cruzar fronteras e imitarse entre sí.

Estar enfocado es cuando estás claro y seguro sobre el camino en el que te encuentras. Sin embargo, también estás dispuesto a ver el otro lado y ser lógico al respecto. La estrechez de mentalidad es la certeza, pero ni siquiera estás dispuesto a echar un vistazo al otro lado. He aquí un buen ejemplo. Mientras dirigía mi primer negocio, se me pidió que formara parte de muchas oportunidades comerciales, incluido el marketing multinivel, las franquicias, etc. Al principio, tenía la mente muy cerrada cuando surgieron estas oportunidades. Rechacé por completo cualquier propuesta sin ni siquiera oír de ellas. Estaba tan decidido en mi camino que nada iba a cambiar mis acciones.

Es bueno que estés en tu camino y estés seguro de ello, pero no dejes que tu convicción te impida escuchar y educarte sobre las oportunidades que hay ahí afuera.

. . .

En algún momento a lo largo de la línea, comencé a preguntarme qué podría haber ahí fuera. Siempre fui una persona curiosa, pero en algún momento de mi vida, me condicioné a cerrar mi mente a cosas que eran diferentes o nuevas. A través de desarrollo personal y paciencia, me volví más abierto a las cosas nuevas y diferentes. Estaba más abierto al cambio.

Así que sé abierto a las cosas nuevas. Pero nunca cambies tu visión y tus valores personales. Si algo nuevo mejora tu visión, ¡no dejes de aprender más sobre ello! Si obstaculiza tu visión, recházalo cortésmente. Sé el guardián de tu visión.

Realidad distorsionada

Esto es muy peligroso. Incluso a veces yo mismo caigo presa de esta némesis. La realidad distorsionada viene en una sensación de falsa seguridad. Proviene del orgullo y la complacencia. A menudo le sucede a las mejores de las mejores empresas que tienen un historial sólido. Pero ahí radica la debilidad. Cuando una empresa comienza a tener éxito, también comienza a retroceder. ¿Por qué pasa esto?

. . .

Bueno, resulta que tus éxitos pasados no definirán tus éxitos futuros. Tienes que esforzarte continuamente para seguir adelante.

Sé tu propio competidor

Siempre monitorea la calidad del servicio y productos que ofrece tu negocio. Una de las cosas que querrás aprender es a poner a prueba tu propia mentalidad y desafiar el status quo. Recuerda que la complacencia es tu peor enemigo. No puedes crecer si te mantienes siempre en la misma mentalidad.

Para ser tu propio competidor, quiero que planees una estrategia para desmantelar tu propio negocio. Pretende que eres realmente tu propio enemigo. Averigua las debilidades de tu negocio, pon a prueba sus límites. Te darás cuenta que habrán áreas que aún necesiten trabajo y podrás fortalecerlas con una nueva perspectiva.

Este es un tema que se aplica a todos de manera diferente.

Todos tienen una percepción distinta de sí mismos y yo les invito a todos a embarcarse en esta aventura de introspección. No puedo enseñarte a interpretarte a ti mismo, eso sólo lo puedes hacer tú.

Claro, es importante tener la conversación con otras personas sobre quién eres y cómo te visualizas y cómo ellos te ven, pero a fin de cuentas eres tú quien decide si tomar o no en cuenta dichas opiniones.

Quizá en algún punto de mi vida me enseñé a mí mismo la introspección. Hasta que ese momento llegue a ti, te invito a la posibilidad de que te imagines lo que significa ser introspectivo.

¡Cuida tus palabras!

Déjame preguntarte, ¿qué clase de teléfono tienes? ¿Cuáles son las probabilidades de que tengas un smartphone de cualquier clase? ¿Un IPhone, o un dispositivo android. De cualquier manera, de seguro no te gustaría la idea de regresar a usar uno de esos teléfonos con tapa o aquellos teléfonos de ladrillo que la gente usaba en los años ochenta, ¿verdad? Está en el sentido común de que la gente actualiza sus teléfonos celulares gracias a alguna clase de nuevo avance tecnológico que le es de su interés.

. . .

Pero, te has preguntado ¿por qué es que la gente no actualiza la tecnología en su forma de hablar? Algunas personas siguen hablando como lo hacían cuando eran estudiantes. El mismo vocabulario y todo. Lo que sí sucede es que ninguno de ellos sigue usando el mismo teléfono de aquel entonces.

¡Es tiempo de actualizar la manera en la que hablamos! Actualizar nuestro vocabulario porque, al final del día, lo que dices se convierte en tu realidad.

Siempre suelo escuchar a la gente quejarse acerca de sus vidas. Pueden decir "¡Esto no funciona! ¡Mi trabajo apesta! No puedo hacer esto". Pero ninguna de esas frases ayuda a encontrar soluciones para sus desafíos. Y, por cierto, te darás cuenta que no dije "problemas". En su lugar, dije "desafíos" porque a fin de cuentas eso es lo que son. Los problemas son situaciones o dilemas que puedes enfrentar sólo pasivamente. Los desafíos son oportunidades que enfrentas cara a cara y resolverlas. Dos palabras que parecieran ser sinónimas pero que cargan un significado mucho más complejo y completamente distinto entre ellas.

Si sueles quejarte a menudo, quiero que dejes de hacerlo.

. . .

Quejarse es una clase de droga que no sólo destruye tus posibilidades de creación, sino que igual te convierte en una víctima. Las víctimas no triunfan en los negocios. Las víctimas no tienen influencia en el mundo. Las víctimas no toman responsabilidad de sus acciones. Son simples testigos inactivos de sus propias vidas. Cada vez que te quejas de cualquier cosa, lo que haces es victimizarte y dejar tus responsabilidades en las manos del resto del mundo. Y cuando llegue el momento del éxito, estas víctimas querrán apropiarse el crédito.

Si vas a asumir tus victorias, asume entonces igual tus fracasos. Todo inicia con el mantra "seré responsable de todos mis resultados". ¿Sabes lo poderoso que es eso?

Cuando decides que ya no serás nunca más una víctima, el mundo te dota de su poder. Cuando finalmente decides que eres el único responsable de tu vida y de tu negocio, entonces te encontrarás a la ofensiva en este juego llamado vida.

Con el lenguaje que usas, estás creando o destruyendo tus posibilidades. Que, por cierto, todo es posible. Todo lo que se necesita para hacer las cosas posibles es crearlo con tus palabras y luego poner en acción aquello que dices.

. . .

El poder de las palabras es uno que escapa de nuestro entendimiento, pero es importante mencionarlo porque las palabras que digas afectarán tu vida y a tu negocio. Lo que le dices a la gente se hará realidad de una u otra forma. Si maldices a alguien, entonces tu creas esa maldición en la vida de la persona. Es por eso que nunca le deseo el mal a nadie. En el calor del momento puedes gritar "te odio". Ahí, lo que creas es el odio mismo. Y la palabra "odio" se personificará en tu vida, en ti, y ahora se hace realidad. Todos tienen el poder de crear con palabras. Y el poder igual puede ser creado usando palabras.

Martin Luther King Jr creo poder a través de sus palabras cuando en su discurso dijo "Yo tengo un sueño". Con aquellas cuatro palabras, y las que le siguieron, Martin manifestó su poder y la gente reaccionó. Él logró su sueño. Creó la posibilidad y eso invitó a la gente a participar de dicha posibilidad.

Así que, mientras tengas el poder de la palabra, que siempre has tenido a tu alcance, ve y desea el bien del mundo. Sé la fuente de felicidad y alegrías en la vida de otras personas.

2

El porqué

"COMIENZA tu viaje con el final en mente" -Steven Covey

Aprendí la lección de perseverancia de mis padres. Siendo una familia inmigrante, muchos desafíos se nos cruzaron en frente. No sólo las complicaciones económicas sino igual la barrera lingüística pudieron haber sido perfectas excusas para vivir una vida promedio y en la comodidad que provee la mediocridad. Sin embargo, yo sabía que si quería ser algo en la vida, tenía que tener un propósito más grande que me ayudara a atravesar todas las dificultades y los desafíos.

Apliqué esta misma filosofía a todos los negocios que inicié.

· · ·

En este capítulo, te conseguiremos una misión si es que no tienes una. Si es que ya tienes una misión bien pulida y refinada, ¡no te saltes este capítulo!

Convertiremos tu misión en algo que vaya más allá de conseguir riquezas o beneficios financieros. Tu misión será algo mucho más grande que tú mismo. Esta misión tendrá una conexión emocional mucho más fuerte contigo; mucho más que el dinero, la fama, las amistades o vivir en comodidad.

El dinero es importante, pero no será tan importante como lo será tu visión y tu misión.

La sangre y el combustible

La mayoría de los economistas y consultores empresariales dicen que el dinero es la sangre y el combustible de un negocio. Yo no estoy de acuerdo. Yo creo que tu visión y tu misión son mucho más importantes. Cuando el dinero se termine, ¿se acabará entonces el negocio? No si tienes una visión lo suficientemente sólida como para seguir trabajando. Si tienes razones para continuar, continuarás. Esa es la verdadera sangre y combustible de un negocio. No me importa lo que otros digan. En el centro de todo, tu visión y tu misión es lo que mantiene un negocio a flote y en constante crecimiento.

. . .

Quiero que trates a tu *"porqué"* como la cosa más maravillosa y preciada del planeta. Protégela y estate dispuesto a hacer sacrificios a su favor.

Eligiendo tu "porqué"

Pongámonos más prácticos. Hasta este punto, espero que entiendas que tu "porqué", tu misión, es muy importante para tu negocio. He aquí otra tarea para ti. Quiero que tomes una libreta y comiences a escribir sobre aquello que valoras más que nada. Elimina todo lo que tenga que ver con dinero o con bienes materiales. Ahora, el dinero es importante pero regresaremos a ello en un minuto.

Piensa a largo plazo

Habrá un tiempo en el futuro cercano en el que desearás abandonarlo todo. ¿Sabes cuál es la diferencia entre una palma y un pino? Uno de ellos puede resistir condiciones meteorológicas precarias y aun así prosperar a pesar de los cambios circundantes. ¿El otro? Bueno, puedes apostar que ese perecerá al momento que el clima de pista de un pequeño cambio. Para aquellos no familiarizados con los árboles, podemos decir que los pinos resisten cambios extremos de clima. Y cuando digo extremos, me refiero al frío.

· · ·

La razón por la que los pinos son más fuertes y más resistentes que las palmas es porque este se adapta a las estaciones. Es un árbol tan resistente y confiable que su madera es utilizada como material principal en muchas construcciones por sobre las palmas.

Escribí este capítulo no porque necesitaba rellenar un par de páginas más, sino porque ese "porqué" te ayudará a crear raíces fuertes para tu negocio que le permitan resistir a cambios bruscos de clima, dificultades, situaciones y al ambiente general del mundo emprendedor. Puedo con confianza decir que tu "porqué" será la diferencia entre ser persistente y renunciar prematuramente a tu negocio. Es por eso que este es el segundo capítulo más importante de este libro.

Sí, tendrás ganas de abandonarlo todo y renunciar. Pero he aquí lo que te puedo prometer. El dolor y los retos son inevitables, especialmente si te has comprometido a un gran cambio en tu vida. La ley de Newton indica que un objeto en movimiento se quedará estático hasta que sea perturbado por una fuerza externa. Sin embargo, la parte importante de la teoría de Newton recae en la tercera ley que nos habla de que cada acción siempre se opone a una reacción igual.

. . .

¿Qué significa aquello? Eso quiere decir que cada vez que cambias tu dirección o tomas acción hacia el éxito, existirá una fuerza proporcional que vaya en tu contra.

Siempre y cuando tomes acción y derribes cada desafío, habrá una cantidad igual de resistencia hacia lo que estás haciendo. Para romper con dicha resistencia debes construir un *momentum* en su contra. ¿Recuerdas nuestros hábitos del capítulo 1?

Es por eso que construir un conjunto de hábitos herméticos es extremadamente importante. Para salir de este ciclo vicioso de éxito versus fracaso, necesitamos construir *momentum* de manera que tus acciones acarreen mayor peso en contra de dicha resistencia.

Tu visión, pieza por pieza

Para descomponer tu visión, necesitamos aplicar ingeniería inversa a tu visión final. Solo imagina tu visión como una pieza electrónica de alta tecnología y que estamos a punto de desarmarla para que podamos entender la profundidad y estructura de tu visión. Si eres una persona visual, dibuja cómo será tu futuro para ti.

Recuerdo cuando comencé, saqué un bloc de notas y dibujé cómo se veía mi futura oficina. Dibujé un plano de dónde iba a estar mi oficina. Dibujé un enorme vestíbulo, ascensores, departamentos y un centro recreativo para mi empresa.

Esto fue parte de mi proceso de construcción de mi visión.

Dibujé cómo se ve mi casa dentro de 10 y 20 años. Hice esto para poder hacer que mi visión sea mucho más real.

Entrené a mi cerebro a usar todo su poder creativo e imaginativo para encontrar la manera de alcanzar el resultado que quería. Tu cerebro no sabe la diferencia entre lo que realmente sucedió y lo que inventaste en tu cabeza para ser extremadamente vívido.

Ahora, es igual de importante que visualices tu vida a partir del primer momento en el que concibes tu idea de negocio.

Para hacer eso debes mentalizarte en el futuro y hacerte unas serie de preguntas que, finalmente, podrán ayudarte a configurar tus metas para tu negocio.

1. ¿Cómo se verá tu vida en 5 años? ¿Qué harás

con tu negocio? ¿Quién será tu cliente?
¿Cómo lucirá tu oficina? ¿Quién estará
contigo? ¿Cuánto está ganando tu negocio?

2. ¿Qué sucederá en 10 años?
3. ¿En 20 años?
4. ¿Y en 30 años?

¿Qué es lo que observas en esos periodos de tiempo?

¿En qué te habrás convertido para ese entonces? ¿Cómo es que te comunicas, con pasión o emoción? ¿Estás emocionado? ¿Abrumado?

Toma en cuenta cada detalle. Piensa en el futuro sin límites.

No te conformes con un negocio pequeño en una oficina pequeña después de veinte años en el mercado. Quiero que te imagines en una gran oficina dentro de un gran complejo o incluso un rascacielos. No te limites y usa tu imaginación para perfilar cada detalle de tu visión.

No olvides incluir tu vida personal en dicha visión. ¿Cómo será tu pareja de vida? ¿Contribuye acaso a tu vida y a tu negocio? ¿Cómo se verá tu familia?

Pensar profundamente

Adentrémonos más profundamente en tu porqué antes de poder configurar tu visión. Para hacer esto necesitamos preguntar aquello que te hace pensar más allá de tu habilidad consciente. Es ahora cuando nos encontramos con aquello que llamaremos Yo superior. Tu yo superior es algo así como tu yo futuro. Imaginemos, por un segundo, que ahora eres la versión veinte años mayor de tu yo actual. Eres mucho más sabio, experimentado y lleno de conocimiento sobre cómo convertirte en alguien exitoso.

Imagina a tu yo futuro parado frente a ti. Puedes preguntar todo lo que quieras acerca de cómo conseguir el éxito.

Escribe todas tus dudas, ¡esto es lo más importante! ¡No te vayas a saltar este paso!

Ahora, la razón por la cual te estoy poniendo estas tareas es porque son elementos fundamentales para la construcción de tu visión.

Cree en ti mismo

. . .

Tu voz interior quizá haya ocasionado daños en tu vida al no permitir que creas en ti mismo. Con el paso del tiempo, terminamos con los sentimientos heridos o cosas suceden que hacen que creemos dudas en nuestras mentes. Sin embargo, fallamos en darnos cuenta que somos nosotros quienes creamos dichas dudas y que somos nosotros quienes terminamos por desconfiar en nosotros mismos, no las circunstancias. Las cosas que suceden son sólo eso, cosas que suceden. Para muchos de nosotros, se nos presenta una situación y creamos dudas que luego nos previenen alcanzar nuestro máximo potencial.

Así que, les presento por fin la manera en la que podemos deshacernos de la duda y alcanzar la creencia ilimitada.

Comienza por hacer aquello que dijiste que ibas a hacer.

Eso inicia con establecer expectativas para ti, ¿no? Cuando te propongas expectativas, quiero que las ubiques mucho más altas de lo que normalmente estás acostumbrado.

No las establezcas en donde antes ya las has puesto, eso no te ayudará a expandir tu potencial de creer.

. . .

Sin importar lo que tu voz interior diga sobre ti, eso no es lo que eres. Eres una creación magnífica diseñada para hacer cosas maravillosas en este mundo. Sólo existe un tú. Nadie más posee las mismas habilidades y talentos que tú posees. Así que, hazle un favor al mundo y cree en tus talentos. Tómalos, y compártelos con el mundo.

Ten fe

Ciertamente, una de las creencias más subestimadas que poseemos los seres humanos es la *Fe*. Esta no es nada más que mera esperanza. Es decir que un paso más allá de esta.

Cuando uno tiene fe, te encuentras seguro de que las cosas resultarán de una manera concreta. Incluso si no eres testigo de los resultados inmediatamente y pareciera no existir evidencia de tu éxito, la fe permite que veas más allá de tus circunstancias actuales y revela lo que está por venir.

Como he mencionado antes, debes declarar todas las cosas en las que crees. Para actualizar tu fe, debes declararlo con tus palabras. Y con tus palabras debes honrarlo y comprometerte. La fe es algo poderoso, no la subestimes. Puede llevarte muy lejos.

3

El qué

"CONVIÉRTETE en un criterio de calidad. Algunas personas no están acostumbradas a un ambiente en el que se espera excelencia" -Steve Jobs

Bueno, creo que este capítulo será definitivamente el más sencillo y a la vez el más complicado de repasar. En esta parte estaremos hablando de aquello que pretendes vender o el servicio que deseas ofrecer al público. Si bien puedes ya tener una idea al respecto, te ayudaré a que definas dicho producto o servicio de manera tan hermética y refinada que haga que tus clientes se enamoren perdidamente de tu negocio. Si tienes ya una idea de lo que quieres comenzar a vender, luego veremos cómo puedes hacer uso de ese maravilloso cerebro que tienes para agilizar soluciones que orienten a la mejora de tu producto o servicio.

. . .

De igual forma, hablaremos de la idea de "excelencia". Te sugiero que grabes esta palabra en tu mente, que te obsesiones con ella. La excelencia en cada pequeño detalle debe ser aplicado para influenciar directamente a tu producto o servicio. Por ejemplo, decidí empezar este capítulo con una cita de Steve Jobs por una razón muy importante: Steve es maravilloso cuando se trata de estar obsesionado con la excelencia.

Su producto era de tan alta calidad y nitidez que se vendieron más de 450 millones de iPhones a clientes del mercado de productos electrónicos. ¡Eso es más que la población entera de los Estados Unidos! ¡Eso es una locura! ¿Te imaginas que tu producto o servicio se venda tantas veces?

Fácilmente puedes pasar por alto el hecho de que el iPhone es un gran dispositivo móvil, pero si estudias la filosofía de Apple y la visión de Steve Jobs detrás del iPhone, hay un proceso muy extenso y detallado para lograr crear dicho producto.

. . .

En este capítulo, usaremos una filosofía similar para lograr lo que Steve Jobs llamaría productos "increíblemente asombrosos" para tu negocio.

Define tu producto o servicio

Si ya tienes una idea para tu producto o servicio, escríbela en la computadora o en un cuaderno. Enumera todas las cosas que puedes hacer y harás por tus clientes. Nunca te saltes un beneficio que tus clientes disfrutarán. No me importa lo pequeño o minúsculo que te parezca, ¡solo escríbelos!

Ahora, esto es muy importante cuando se trata del capítulo final. Todos los beneficios se agruparán en categorías que luego te ayudarán a la hora de vender tu producto o servicio a tus clientes. También ayuda con lo que me gusta llamar "hacer bucle" durante el proceso de ventas. Déjame mostrarte lo que quiero decir.

Sé que esto es algo obvio, pero quiero destacar tus productos y servicios en este momento y darte la oportunidad de pensar realmente en lo que tu producto o servicio puede hacer por tu cliente.

¿Es diferente?

¿Qué hace diferente a tu producto o servicio del resto de la competencia?, ¿por qué tu producto o servicio tiene razón de ser? Tienes que saber la respuesta a estas preguntas porque, de no hacerlo, tus clientes no tendrán razón para comprarte. No tiene que ser nada especial.

De hecho, la diferencia entre tú y tus competidores puede ser simplemente eso: ¡tú!

Si estás vendiendo comida o alguna otra clase de productos no patentados, esta es la forma en la que puedes diferenciarte a ti y a tu negocio de la competencia. Especialmente si tu competencia es alguna gran corporación o alguna cadena que ha estado en el mercado por décadas. Su mayor desventaja podría ser la falta de relaciones personales y conexiones con sus clientes.¿Es esto siempre cierto? No, pero quizá las grandes corporaciones son negligentes en entrenar a sus empleados para que traten al negocio como si se tratase de uno propio.

Las grandes tiendas comerciales carecen de esta habilidad de asociación personal con los clientes. Los gerentes suelen regañar a aquellos empleados que sean demasiado personales o se asocian mucho con la gente. Yo no estoy en lo absoluto de acuerdo con esa filosofía. Las interacciones entre el cliente y los empleados de un negocio, o incluso con el mismo jefe de la empresa genera un sentimiento de confianza y cercanía que las grandes compañías no pueden replicar de la forma en la que los negocios pequeños lo hacen.

No hay grandes secretos en lo que se refiere a tener un negocio exitoso. Si le agradas a la gente y les gusta tu producto, seguramente lo comprarán.

Hablaré más de esto en el último capítulo, pero para darte una probadita de cómo puedes comenzar a moldear tu negocio hoy mismo, sólo sé tú mismo. Haz de cada interacción con tus clientes una experiencia gratificante, divertida y disfrutable. Estate dispuesto a hacer amistad con tus clientes y te aseguro que el favor será recompensado. Dales otra razón para que regresen, más allá de tu producto o servicio.

¿Es simple?

Steve Jobs era un gran creyente de la simplicidad y el diseño. En lo que respecta a la comprensión de cómo la gente usaría el iPhone y el iPad, Steve sabía que tenía que ser simple y fácil de usar. Mientras que los otros fabricantes de teléfonos celulares creaban teléfonos con toneladas de botones e íconos, Steve quería algo simple. Es por eso que el iPhone solo tenía un botón en su superficie.

Es este diseño el que convirtió al iPhone en el teléfono número uno en ventas en los EE. UU. Un teléfono que era para todos y cualquiera que quisiera usarlo.

Quiero que adoptes la misma mentalidad para tu servicio o producto. Debe poder reducir la cantidad de tiempo y el esfuerzo que sus clientes tienen que invertir para utilizar su producto o servicios. Hazlo simple, fácil y paso a paso.

Creando valor

El error común que tiene la gente cuando se trata de crear valor es que automáticamente piensan en las características y los precios. Este es un mito común y un error que cometen la mayoría de los novatos y es totalmente comprensible.

Dentro de cada motivo existe una necesidad primaria que debe ser satisfecha con una solución o un resultado. ¿Has escuchado de la Jerarquía de Necesidades de Maslow? Esta es una comprensión básica de lo que las personas realmente necesitan en el fondo de cada acción o motivo. Si te están comprando algo, ya sea un producto o algún servicio, su motivo encaja en una de las necesidades de las que Marlow habla en su Jerarquía de Necesidades.

· · ·

La Jerarquía de Necesidades de Maslow

Si alguien busca comprarte una casa, es claro que él o ella está buscando satisfacer su necesidad psicológica y de seguridad. Sin un lugar seguro para vivir, la salud y el bienestar de tu cliente se encuentran comprometidos. Quizá la necesidad real de tu cliente sea el amor y la aceptación, Quizá esté comprando una casa para mostrar a sus amigos. No lo sabremos a menos que descubramos sus necesidades. Esta es la comprensión fundamental de lo que realmente es el arte de vender.

No se trata de ser agresivo o sórdido para que el cliente compre. Como mencioné, te daré los detalles en el último capítulo.

Pero antes de continuar, debes comprender cómo tu producto o servicio encaja en la jerarquía de necesidades de Maslow. En realidad, no se trata del precio o incluso de la función a veces. Quizás lo sea. Pero saber por qué las personas toman decisiones te ayudará a refinar tu producto en el mercado específico al que se dirige.

Construir un historial

Ahora, esto es muy importante si es que quieres crear un *momentum* positivo para tu negocio. Le doy mucho crédito a mi historial cuando se trata de ganar credibilidad y la confianza de mis futuros clientes. Si no construyes un historial lo suficientemente fuerte para tu negocio, te será complicado agarrar ritmo y, por tanto, igual esto afectará a los resultados que esperas conseguir para considerar tu negocio un éxito.

Guardaré el "cómo" de construir un historial para tu negocio para el último capítulo de este libro, pero sí quiero que te mentalices para ello. Quiero que imagines que cada pequeña parte de tu producto o servicio dejará huella. Estas marcas pueden afectar o beneficiar a tu negocio dependiendo de qué tan bueno sea tu producto o servicio.

Sin presión, pero debes hacer que tu producto o servicio valga en calidad y que refleje quién eres como persona.

En estos días, todos tienen internet. Los negocios de emprendimiento han sido en su mayoría locales y fuera del alcance del mercado remoto por muchos años. Con la introducción de las redes sociales y la presencia del mercado en línea, no puedes ignorar el hecho de que tu negocio puede expandirse con facilidad y rapidez. Eso igual conlleva consecuencias negativas. Mientras que tu clientes te pueden alabar y darte críticas positivas, pueden igual hacer todo lo contrario. De hecho, las críticas negativas se expanden mucho más rápido que las positivas. Es parte de la naturaleza humana.

Ponte en la mentalidad de que tu producto o servicio es el mejor y construye a partir de esta idea. Protege tu historial porque una vez que hagas una mala jugada es muy difícil recuperarte, pero no imposible.

Hoy en día, resulta casi imposible que los bancos estén dispuestos a hacer préstamos para un negocio. Especialmente si no existen pruebas de un historial previo. Ahora, sinceramente pedir un préstamo únicamente para comenzar un negocio es una muy mala idea ¡No lo recomiendo en lo absoluto!

A no ser que sepas con certeza que existe un sistema probado para respaldar el negocio con la convicción de que las ventas se pueden generar invirtiendo en una pieza de un equipo o un activo tangible, en ese caso yo digo adelante con el préstamo. Es mejor si compras una franquicia ya que estás ahí.

. . .

Así que, he aquí cómo puedes atraer dinero a tu idea emprendedora ¡Especialmente si es única y propia!

Crea un historial personal

Crear un historial propio no es tan complicado como mucha gente quiere hacerte creer. Todos tienen un talento o una habilidad que puede orgánicamente producir resultados. Comienza de poco en poco y ve construyendo tu reputación hasta que esta sea lo suficientemente fuerte como para inspirar confianza en los demás con respecto a lo que haces.

Primero, construye un historial personal que indique que eres una persona segura y de confianza. Da a conocer que posees integridad y eres honesto con quien eres. Si no puedes ser honesto o responsable en tu día a día, ¿cómo podrás serlo en relación a tu negocio y en cómo manejas tus finanzas?, ¿quién pondría su confianza en ti para realizar una inversión? Sé la persona en quien se pueda confiar.

. . .

Segundo, sé capaz de demostrar tus habilidades. Si sueñas con abrir una panadería, date a conocer por tus habilidades horneando panes y pasteles. Deja que tus vecinos, amigos y familia, o incluso colegas sean testigos de lo bueno que eres en lo que haces. Imprime pasión en cualquiera que sea tu habilidad o talento.

Tercero, contribuya y ofrezca. Sin importar lo que hagas, mantén un corazón digno de un auténtico dador incondicional. Haz uso de tus talentos y habilidades para crear algo de beneficio para la comunidad o tu inmediato círculo de influencia. De esta manera ganarás la confianza de la gente rápidamente. Nadie quiere invertir en una persona egoísta y hermética. Sé abierto y dispuesto a compartir.

Convierte tu historial personal en inversiones

Ahora, el dinero es la principal moneda corriente en el mundo, pero no la única. De hecho, existen cuatro distintas formas de moneda corriente que son el dinero, el tiempo, el conocimiento y las relaciones. Piensa en la inversión monetaria como un voto de confianza en tu habilidad para manejar el conocimiento y las relaciones para la generación de más dinero. La persona que está dispuesta a invertir en tu negocio tendrá que saber que eres alguien que puede tomar ese dinero y transformarlo en más dinero.

Si alguna vez has leído el libro La velocidad de la confianza de Stephen Covey, entenderás que este intercambio de inversiones sólo puede ocurrir si existe confianza. La confianza puede ser construida con tres pasos en el proceso de creación de tu historial.

Seamos prácticos. Aquí te presento cuatro maneras en las que puedes atraer a potenciales inversores para tu negocio. Recuerda, tu inversor igual podría convertirse en tu socio o tú podrás convertirte en el suyo. Si eres lo suficientemente afortunado como para tener un socio que aparte tiene el capital suficiente como para darle una ayuda a tu negocio, ¡entonces estás más que preparado!

1. **Crea un sistema para tus inversores.**

Hazlo sencillo para ellos. Si son inversores profesionales y ya están involucrados en otras compañías, haz que sea sencillo para ellos el conocer tu negocio y a ti mismo. Mi recomendación está en crear un video de unos 15 a 30 minutos en el que hables acerca de lo que se trata tu negocio. Tus inversores querrán saber: ¿qué tan rápido puedo recuperar mi inversión?, ¿cómo encontramos un punto de equilibrio?, ¿qué obtengo a cambio de mi inversión?, ¿cuánto capital social estás dispuesto a darme en tu compañía?, ¿por qué querría invertir en ella?, ¿por qué tú y no los otros?, ¿puedo confiar en ti?

Tus inversores se estarán haciendo miles de preguntas y tu trabajo es responder la mayor parte de ellas. De igual forma sería bueno que ocupes ese espacio para mostrar tu conocimiento, tus habilidades, talentos y demás. ¡Es tu momento para hacer uso de las habilidades de vendedor que has aprendido en este capítulo!

Después del video, agenda una llamada de unos 30 minutos para consulta con los inversores. Haz que te hagan preguntas más personalizadas, que sean únicas para su situación. Es aquí donde puedes invitarlos a tu plan de negocio o incluso sólo mostrarles lo que puedes hacer. Igual, asegúrate de pedir retroalimentación acerca de tu video inicial. Si deciden no invertir en ti, pregúntales cómo podrías mejorar.

2. Conoce y entiende tu fuente.

Mientras que existen inversores profesionales y capitalistas de riesgo ahí fuera, muchos negocios olvidan pensar en el hecho de que muchas personas pueden invertir en tu nuevo negocio haciendo uso de su cuenta de retiro.

Probablemente tú no sabías esto, ¿o sí? Pues resulta que es cierto. Esta es, de hecho, la opción principal que yo utilizo para recaudar capital para hacer acuerdos de inversión mobiliaria. Pero antes de que tú intentes hacer esto dentro de tu negocio, primero tienes que consultar con un abogado competente que te guíe a través de este camino para que así no te arriesgues a violar alguna norma de la Comisión de Bolsa y Valores (SEC).

La SEC regula la venta de seguros (stocks) y las transacciones de inversión junto con el Servicio de Impuestos Internos o IRS.

Si conoces a algún miembro de tu familia (que no sea tu madre, padre, o hijo o hija), amigo o alguien cercano a ti que posea una cuenta de retiro, entonces ellos pueden invertir en tu negocio como compra de capital privado. La razón por la que no recomiendo hacer esto con tus padres o con tus hijos es porque esto está prohibido bajo los lentes de la ley. No hay forma de escapar a esta regla. No existe ningún problema si se trata de tus tíos, tus hermanos o cualquier otro familiar que no forme parte de tu línea sanguínea vertical. ¡No trates de jugar con esta ley! Quedas advertido.

En realidad, esta es verdaderamente una estrategia sólida porque una vez que comiences a generar ganancias, se espera que las compartas con tu cuenta de jubilación de inversiones como si se tratase de un dividendo. Además, su participación en las ganancias posee impuestos diferidos al ser parte de una cuenta de retiro.

Para que esto funcione, los inversores deberían transferir sus fondos de retiro a un plan de jubilación genuinamente autodirigido. Tendrás entonces que hacer un poco más de investigación acerca de qué custodio de alguna cuenta de jubilación permitirán a su inversor comprar capital privado.

Un custodio notable es el Midland IRA. Éste es conocido por su capacidad de administrar la compra de capital privado haciendo uso de un plan de retiro autodirigido.

Si tu inversor cree que puedes lograr exitosamente un lanzamiento y operar un negocio, él o ella podrá comprar parte de tu compañía o financiar tu negocio haciendo uso de dicho plan autodirigido de retiro.

3. El crowdfounding y los inversores angelicales.

Esta es una nueva generación de inversión y de aumentar el capital para tu negocio. El crowdfounding no existía antes del 2008, pero ahora se está convirtiendo en una manera popular de recaudar fondos para proyectos, causas especiales, donaciones, caridad e incluso negocios.

Para que el crowdfounding funcione primero se tiene que iniciar con una poderosa y conmovedora historia acerca de las razones por las que tu negocio vale la pena. La historia debe ser entretenida, interesante, genial, divertida, emocionante e incluso inspiradora.

4. Crédito comercial.

Ahora, este es todo un tema del que estaremos hablando en este capítulo. El concepto del crédito comercial es relativamente nuevo y ha ganado la atención de muchos dueños de negocios pequeños.

A diferencia del crédito personal, el crédito comercial se construye y se mantiene de manera diferente a la que la gente se imagina. Cuando tienes una buena calificación crediticia de tu negocio puedes volverte acreedor de préstamos y líneas de crédito que a menudo te darán el presupuesto necesario para dar inicio a tu negocio.

Sin embargo, sí que toma un aproximado de 3 a 6 meses tener un buen crédito comercial establecido y este es considerado como una deuda. No soy muy aficionado a hacer uso de una deuda para lanzar un negocio, pero sí que es una manera de hacerlo. He aprendido de la manera difícil que hacer uso de esta estrategia no es una buena idea.

Cuando se trata de hacer ofertas inmobiliarias, sí que considero hacer uso de prestamistas y líneas de crédito como opción. Mi forma favorita de financiar un negocio es usar el dinero de alguien más. Una es usar el dinero de las cuentas de retiro. Ahora bien, esto no significa aprovecharse del dinero de las personas. De hecho, con esto les estaríamos haciendo un favor porque si puedes generar más dinero para su beneficio, ¿por qué no habrían de invertir en ti?

Así que, ¿cómo es que creamos un crédito comercial? Bueno, primero necesitas seguir algunos pasos cruciales antes de siquiera pensar en construir uno.

Primero, necesitas incorporar tu negocio. Ya sea a una C-Corp, S-Corp o incluso a una Compañía de Responsabilidad Limitada (LLC). Recuerda hablar con un abogado al respecto. Luego, consigue un sitio web y una línea de teléfono dedicada exclusivamente a tu negocio. Una vez tengas esto, registra tu negocio a 411 directorios entrando a ListYourself.Net. Esto es importante porque tus acreedores comprobarán si tu negocio es legítimo o no. El último paso es conseguir tu número DUNS.[2]

· · ·

El número DUNS es proporcionado por Dun y Bradstreet. Trátalo como un número de seguridad social para
el crédito de tu negocio. Puedes obtener el número
DUNS gratis si ingresas a dandb.com. ¡No tienes que
pagar nada! Dun y Bradstreet son conocidos por cobrar a
negocios por sus números gratuitos.

En cuanto tengas esos elementos fundamentales, puedes
comenzar a establecer cuentas abiertas de Net 30 con
otras empresas y distribuidores. Éstas son cuentas de
crédito en las que se espera que pagues por tus compras
en treinta días.

Después del plazo de treinta días se considera un atraso y
esto puede afectar negativamente a tu negocio y al crédito
de este. He aquí la parte que no te gustará. Quizá tengas
que comprar cosas que consideres exageradamente
costosas.

Puedes conseguir estas cuentas de cambio Net 30 de
variadas empresas. Aquí te presento algunas que ofrecen
cuentas para nuevos negocios como el tuyo.

1. **ULINE**

2. **Quill**
3. **Grainger**
4. **Interstate Batteries**
5. **National Pen**

Necesitarás contactarlos por una llamada o, de lo contrario, llenar una aplicación en su página de Net 30 para poder dar inicio. Usualmente aprueban al momento o en un plazo de dos a tres días hábiles. En algunas ocasiones te realizan una entrevista para ver si tienes un sitio web y una línea de teléfono exclusiva para tu negocio. Es por eso que te recomiendo que comiences a conseguirlos.

Si buscas en internet "cuentas de cambio Net 30", podrás encontrar empresas que ofrecen términos de pago Net 30.

Es igual de importante preguntar si esas empresas reportan a Dun y Bradstreet o alguna otra oficina de crédito.

Control de calidad

La calidad ha sido un tema del que muchas empresas grandes y pequeñas han estado hablando en las últimas décadas.

Quiero que recuerdes este nombre: Edwards Deming.

Era un ingeniero, consultor de gestión y estadístico que introdujo por primera vez la idea del control de calidad a principios de la década de 1950.

Después de la Segunda Guerra Mundial, Japón perdió su infraestructura crítica para producir bienes y servicios que se enviarían al resto del mundo. Se le pidió a Deming que ayudara al ejército estadounidense en los esfuerzos del censo de Japón. Su trabajo lo llevó a formar parte de un grupo de científicos japoneses que aportaron a los conocimientos de Deming en control de calidad. Con su contribución, Japón se convertiría más tarde en uno de los principales fabricantes de productos electrónicos del mundo, derribando a las empresas estadounidenses de electrónica. Este nunca fue el caso en la década de 1950. El público general creía que los productos japoneses carecían de calidad y fiabilidad.

Deming les demostró que estaban equivocados. Con un conocimiento básico de las prácticas y políticas, Deming pudo cambiar la economía japonesa y contribuyó al proceso de agregar valor a la recuperación posguerra.

Así que aquí hay algunas prácticas y puntos del propio trabajo de Deming que aumentarán la calidad de su producto y servicio.

. . .

1.Minimizar costos.

Si puedes descubrir cómo crear tus productos o servicios a un costo menor, estarás definitivamente a la delantera.

Aprende a establecer relaciones con tus proveedores, contratistas y fabricantes para reducir los costos.

2.Comunicación entre tus empleados.

Capacita a tus empleados, miembros de equipo y socios para que digan lo que piensan en cualquier momento. Esto a menudo se conoce como "política de puertas abiertas", pero creo que es una cuestión de sentido común. La jerarquía puede destruir la comunicación de la organización en lo que refere a la creatividad y la producción.

La gente puede no estar de acuerdo, investigaciones y estudios recientes muestran que el modelo de comunicación abierta puede mejorar la creatividad y la productividad.

Retira los cubículos y las paredes entre los escritorios.

. . .

Permite que tus equipos se comuniquen abiertamente cuando y como quieran. Personalmente, he visto que surgen muchos problemas personales a partir de modelos de comunicación jerárquica. No dejes que tu negocio caiga en estos errores.

Además, permite que cualquier persona de la empresa comunique cualquier problema o conflicto que pueda surgir. Permite que tus equipos comerciales asuman la responsabilidad de abordar un problema cuando surja.

3. Entrena a los entrenadores.

Cuando tu negocio crece hasta el punto de tener gerentes y empleados, apunta a entrenarlos para que puedan en algún punto el trabajo que tú haces. Aprende a delegar tus propias responsabilidades a tus gerentes, socios o empleados. De esa forma, puedes enfocarte en tomar decisiones cruciales sobre tu negocio y compartirlas con tu equipo.

Si puedes capacitar a tu equipo para adaptar la calidad de tu servicio o producto a tu expectativa de calidad, entonces puedes enfocarte en crear nuevos productos o servicios, realizar mejoras en el producto o adquirir nuevos clientes.

. . .

Dicho esto, sé el que está siempre en movimiento para mejorar la calidad de tu producto y / o servicios. Cree algo con lo que sus clientes se enamoren. No existe tal cosa como algo "lo suficientemente bueno". Siempre busca la perfección. Siempre que estés buscando una mejora constante, no tienes nada de qué preocuparte. Estate atento a lo que quieren tus clientes y a lo que está sucediendo con tu negocio.

4

El cuándo

"En el negocio de las bienes raíces existen tres reglas: locación, locación y locación. En mi negocio es: tiempo, tiempo, tiempo" -Jordan Belfort.

Por mucho que me gustaría decirte que te tomes tu tiempo construyendo tu negocio, debo advertirte que la velocidad importa. Si no creces tu negocio rápidamente, eventualmente el tiempo terminará por erosionar tus esfuerzos. Sin mencionar que tu competencia puede estarse moviendo con mucha mayor rapidez que tú, así que deberías mantenerte siempre en estado de alerta para así poder llevar a tu negocio al siguiente nivel.

Planeación

. . .

Quiero que todos ustedes sean MUY conscientes del tema de planeación. Mantente bajo la regla del 80/20. Invierte el 20% de tu tiempo planeando y el 80% poniendo en práctica dichos planes. He lidiado mucho con dueños de negocios y emprendedores que hacían todo lo contrario y terminaban por avanzar a ninguna parte. Esto no se trata de un ejercicio académico. Esto se trata de una cuestión de un negocio que busca lucrarse.

De igual forma recomiendo no dejarse llevar por los detalles de la planeación. No me tomes a mal. Estoy completamente a favor de los detalles y de asegurarse de que el negocio sea hermético. Sin embargo, he visto a muchos emprendedores que se quedan atascados en la etapa de planeación hasta el punto que nada es puesto en acción. ¡Eso es completamente absurdo! ¿Acaso no el punto de planear las cosas es que luego estas serán puestas en acción? Sé consciente de la regla del 80/20.

Thomas Edison, el inventor de la bombilla no pasó la mayor parte de su tiempo planeando. En lugar de esto, invirtió su tiempo en poner en práctica sus planes. Cometiendo errores y experimentando complicaciones a lo largo del camino.

· · ·

Si no te enfrentas a complicaciones, las probabilidades son que estás siendo demasiado cauteloso. Que no te de miedo cometer errores las primeras veces.

¡Incluso Thomas Edison falló más de 500 veces antes de obtener el resultado que quería! Así que no le tengas miedo a cometer errores. Me agrada mucho el increíblemente apropiado eslogan de Nike "Just do it". Exactamente, algunos emprendedores deben aprender a "hacerlo y ya".

La planeación debería ocurrir en pequeños fragmentos. Es por eso que no siempre tomo nota de mis planes de negocio.

Normalmente tomo nota de mis planes para elevar mi capital. Sin embargo, yo recomiendo que al inicio tomes nota de absolutamente todo. Cada decisión que tomes, quiero que escribas cómo es que llegaste hasta ahí. Después, quiero que escribas si esa decisión contribuyó a un resultado positivo.

De no ser así, anota qué es lo que puedes hacer al respecto.

Corre como si te persiguieran

Si tienes una lista de tareas que debes abordar, ¡adelante!

Actúa de inmediato. Si no estás dedicando tu tiempo a hacer que tu negocio funcione, entonces no tienes razón para emprender un negocio. Puede sonar duro, pero no puedo enfatizar la importancia de esto.

Si tratas tu negocio como un hobby, ganarás como un hobby. Si tratas tu negocio como un negocio real, obtendrás ganancias como un negocio real. Lo único que puede detenerte probablemente eres tú.

Mantente en un estado de urgencia y muévete rápido para hacer las cosas rápidamente. Si necesitas entregar tu solicitud de crédito, ¡hazlo rápido!

Ahora bien, la verdadera chispa de mis relaciones comerciales comienzan con las redes sociales. Incluso con mi primer negocio, unas tres cuartas partes de mis relaciones comerciales nacieron en Facebook y Twitter. A muchos de estos los logré conocer en persona, a algunos quizá nunca los vea en mi vida.

· · ·

Seré completamente honesto contigo y te diré que no soy completamente imparcial cuando hablamos de comenzar un negocio en línea. Para ser sincero, nunca he tenido un negocio que requiriera de tener una locación física. Pero aún así, te guiaré en la dirección correcta si lo que quieres es realmente iniciar un negocio físico.

Locación física

Hablemos de locaciones físicas. En este apartado, te mostraré a todas las personas correctas con las que tienes que hablar y, más que nada, te hablaré de cómo seleccionar la locación correcta para tu negocio. Recuerda, no manejes tu negocio sin ayuda. Incluso si eres un emprendedor o emprendedora solitaria, necesitarás la ayuda de expertos que te guíen a través del proceso de creación de tu negocio.

Este capítulo no es realmente acerca del "cómo" conseguir una tienda física, sino más bien si es que tu negocio necesita o no una locación física.

Primero que nada, piensa en la industria a la que tu negocio pertenece y cómo eso afecta a la búsqueda de una locación perfecta. Si quiere abrir una pizzería, quizá quieras ubicarse cerca de un complejo departamental o una universidad. De esta forma atraerás una gran cantidad de clientes que pagarán gustosos por tu servicio. Es por eso que las tres reglas de las bienes raíces son locación, locación, locación.

Todos saben lo que McDonald´s es, ¿no? Si no estás familiarizado con una de las cadenas de comida rápida más famosas del mundo, te sugiero que salgas más a menudo de casa. Muchas personas ven a McDonald 's como un simple restaurante de hamburguesas, pero yo lo veo de otra forma. Para mí, esta se maneja más bien como una compañía de bienes raíces.

La mayoría de los restaurantes McDonald 's son propiedad de franquicias que tenían un restaurante dentro de un edificio propiedad de la corporación. El principal objetivo de la Corporación de McDonald´s es el encontrar la mejor locación para su negocio y luego encontrar a la franquicia correcta para dirigir sus sistemas.

Puedes entender por qué McDonald 's es tan exitoso consiguiendo clientes. ¡Se trata de visibilidad! ¡Hacerse notar! ¡Conseguir atención! Y créeme, necesitas bastante atención, sin importar la clase de negocio que formes. Sin atención, no hay ventas. Sin ventas, no hay negocio.

¿Hablar con quién?: Profesionales de bienes raíces

La primera persona con la que debes hablar debe ser, ya sea un agente inmobiliario o un inversor. Estas son tus mejores fuentes para averiguar dónde se encuentran los mejores espacios comerciales y minoristas. Podrán decirle el recuento de tráfico, el volumen de tráfico peatonal y el precio promedio de alquiler.

Los agentes de bienes raíces están muy bien informados sobre las áreas circundantes en el vecindario en donde trabajan. Así que, hazte amigo de uno y escucha sus opiniones con respecto a las tendencias de bienes raíces actuales. Por supuesto, toma en cuenta los años de experiencia que tengan bajo la manga. No quieres trabajar con un principiante que provee información incorrecta.

En este caso, asegúrate de revisar sus fuentes y hacerles preguntas, no tengas miedo de buscar una segunda opinión de un agente inmobiliario de otra empresa.

¿Qué clase de preguntas podrías hacer?
1. ¿Cuánto tiempo ha sido agente en esta área?

2. ¿Cuántas propiedades comerciales has cerrado en los últimos 12 meses?

3. ¿Qué tan reciente es su experiencia de educación continua?

4. ¿A cuántas empresas ha ayudado para encontrar un contrato de alquiler?

Otros negocios.

La siguiente persona a la que deberías consultar es a otros dueños de negocios en el área. Reúnete con ellos en las reuniones de la cámara de comercio local o durante los eventos de networking que se organicen en el área. Si han estado activos en esa localidad por un tiempo ya, sabrán información importante sobre la ciudad. Esta información es valiosa como información que es compartida sólo entre relaciones muy cercanas.

Desarrolla relaciones y conexiones de network con otros negocios en tu área y averigua cosas sobre la ciudad, pueblo, país, calle o vecindario en el que te desarrolles.

Te sorprendería la cantidad de información que guíe tu proceso de toma de decisiones al momento de elegir dónde situar tu negocio.

. . .

El internet

Por supuesto, el internet es una opción obvia. Pero no vengo a decirte que el internet tiene todas las respuestas. De hecho, ¡no lo hagas! El internet es valioso y útil para conseguir información pero tienes que ser consciente de la credibilidad de los sitios web que consultes. Algunas páginas son muy antiguas y la información ya no es viable. Siempre busca la opinión de un experto o realiza investigaciones exhaustivas en varias páginas para contrastar los resultados.

Ese fue uno de los primeros errores que cometí. Fui ingenuo al creerme todo lo que me decía el internet. Siempre ten dos o más fuentes que te ayuden a respaldar tu información. Y no se queden sentados ahí. Ve en búsqueda de las respuestas si éstas están a tu alcance. No te quedes pegado al monitor sólo porque temes que lo que lees sea distinto a lo que experimentas.

Sobre ventas y marketing

Lo primero que tienes que entender sobre ventas es el concepto de los tres inquilinos del Sistema de línea recta.

Primero, debes ser entusiasta sobre tu negocio.

. . .

El entusiasmo muestra que existe un sentimiento de urgencia y de importancia detrás de tu empresa. Es lo que propicia una respuesta emocional de tus clientes prospectos.

Igual puedes notar que el entusiasmo es contagioso. Si puedes encaminar a tu cliente a volverse igual de entusiasta que tú, tienes una gran posibilidad de convertir a dicho cliente en uno permanente.

En segundo lugar, debes hacerte un experto y ser una figura de autoridad dentro de tu negocio. Si estás en el negocio de las bienes raíces entonces tus clientes deben verte como un líder de la industria. Existen muchas formas de hacerse un experto. Una está en la forma en la que hablas. Tu tonalidad, tus inflexiones vocales, tu patrón de lenguaje y la energía demuestra que eres un miembro experimentado de la industria. Otra forma es el posicionamiento. Puedes posicionarte como experto mediante la escritura de artículos dentro de un blog, apareciendo en televisión, o protagonizando un apartado en un periódico o revista. Todo esto te pondrá en ventaja de aparecer como un experto en comparación con tu competencia.

. . .

Tercero, necesitarás ser en extremo agudo.

La forma en la que te vistes, en la que te arreglas y la forma en la que te presentas ante el mundo formarán un papel muy importante en cómo logras proyectar tu agudeza.

Cuando te presentes como alguien entusiasta, agudo y como un experto, tus posibilidades de conseguir nuevos clientes aumentarán exponencialmente. Verás entonces una clara diferencia entre un hombre o mujer de negocios que triunfa y alguien que fracasa en producir los resultados correctos.

Quiero prepararlos a todos para que se conviertan en estas tres cosas. Si puedes transformarte en estas tres cosas, entonces ya te encuentras a la mitad del camino en convertirte en un vendedor experto. Sé un reflejo positivo de tu negocio y tus clientes seguirán tus pasos. Todo esto es importante cuando quieres construir tu relación y ganarte la confianza de tu clientela. Ellos no comprarán si no confían en ti o en tu negocio. Ese es el punto de las tres cosas de las que te he hablado y el porqué es importante que las adoptes como parte de tu perfil de emprendedor.

. . .

Para ser bueno en las ventas primero ama tu producto, ámate como vendedor y ama a tu compañía. Si esas tres cosas no están establecidas con la persona con la que estás interactuando, entonces nunca lograrás vender nada en lo absoluto.

Es posible que no estés de acuerdo con esto, pero yo lo he puesto a prueba en mis propios negocios, así como en otros negocios a los que asesoro. Me mantengo firme ante esta filosofía con todo mi corazón.

Ahora, podría escribir un libro entero acerca de ventas y marketing. Así de vasto es el tema; sin embargo, en este libro mi objetivo es apuntarte a la dirección correcta. Quiero que comiences a aprender cómo es que funciona el proceso de ventas. Francamente, uno no puede simplemente convertirse en un maestro experto de las ventas únicamente leyendo un libro o un artículo al respecto. Las ventas son acción y es a través de acciones la forma en la que uno aprende y puede convertirse en un verdadero experto a no ser que realmente salgas al mundo real y te pongas a ejercer directamente. Cometerás errores y tropezarás en algunas ocasiones pero no tienes nada de qué preocuparte, todo forma parte del proceso de aprendizaje.

· · ·

Para dar un testimonio más personal al respecto, al inicio yo me encontraba muy reacio a aprender sobre ventas y, por tanto, llamarme a mí mismo un vendedor. Yo era terrible vendiendo. Incluso hoy en día esto sigue siendo un desafío para mí. Cuando comencé con mi negocio solamente quería trabajar en ello y poner en práctica las habilidades que me fueron conferidas. Sin embargo, pronto me dí cuenta de que no podía encontrar un grupo de clientes que pudiera apoyar al crecimiento de mi negocio. No era culpa de mi producto o mi servicio, nada de eso era el problema.

El problema era yo. Mi resistencia al aprendizaje, a tomar riesgos y abrir mi mente a nuevos conocimientos con respecto a las ventas había sido la causa de que hubiera perdido la oportunidad de ayudar a los clientes a obtener aquello que necesitaban de mí. No me dí cuenta de esto hasta que un día, dentro de un grupo de Facebook dedicado a la industria a la que mi negocio pertenecía, comencé a hablar acerca de mis dificultades y a expresar mi frustración ante mi incapacidad de encontrar clientes potenciales.

Entonces alguien me respondió haciéndome ver la importancia de las ventas y me invitó a uno de sus talleres al respecto, al cual atendí gustoso. Así que, aprende de mí.

. . .

Deja a un lado tu ego, no dejes que este se interponga en tu camino hacia el éxito. La humildad es muy importante en los negocios.

Poco después, leí libro tras libro sobre ventas. Atendí a seminarios y talleres para perfeccionar esta habilidad. Luego, salí a ponerlo a prueba y me volví consciente de ser competente en esta habilidad. Así que no seas como yo y apégate a las ventas. Las ventas son algo hermoso que puede ayudarte a ser tremendamente exitoso en lo que sea que hagas siempre que apliques dichas habilidades de manera ética. No vayas por ahí vendiendo tu producto o servicio a aquellos que realmente no lo necesitan.

Si una persona no necesita tu producto, elimínala de tu lista de cliente potencial y sé amable al hacerlo.

Conciencia de uno mismo

Esta es un área de mi vida personal en la que todavía estoy trabajando. No puedo decir que esté cien por ciento seguro de quién soy todavía. Es una paradoja interesante decir que estoy completo de la forma como soy en este momento dado. He estado completo en cada etapa de mi vida, pero siempre de distintas formas dependiendo en qué momento de mi existencia me encontrara. Cuando era niño estaba completo en el aspecto de que era solo un niño, no me faltaba nada.

Se necesita ser "elegante" en tu publicidad para expresar el nivel de emoción o de familiaridad a tus clientes potenciales.

Todo esto se reduce a una sola cosa: "yo soy como tú".

Los clientes quieren hacer negocios con personas que son como ellos. Por eso nos sumamos a organizaciones políticas con las que nos identificamos. Nos unimos a clubes y organizaciones que principalmente reflejan quiénes somos y lo qué valoramos.

Cuando pones en marcha una publicidad o haces marketing de un mensaje a través de los canales en línea, necesitas utilizar estos patrones de lenguaje para crear una sensación de compenetración con tus clientes potenciales.

Así que pregúntate cuáles son algunas palabras o frases que utilizan tus clientes ideales para describir sus desafíos, obstáculos y la solución que puedes brindarles.

El poder de la tonalidad

Lo que dices y cómo lo dices son cosas completamente diferentes. La mayoría de los lingüistas y recopilaciones de datos de investigación indican que nuestra tonalidad acarrea un 38% de nuestra comunicación con otras personas y el 55% está en el lenguaje corporal. Así que, cuando estés al teléfono con un cliente potencial o un prospecto, el peso de tu comunicación recaerá en tu tonalidad.

Existen más de mil maneras de decir "te quiero". Dependiendo en cómo lo digas, podría tener completamente distintos significados. No puedo enseñarte tonalidad a través de este libro, pero sí que puedo hacerte consciente de ello.

Unas cuantas cosas a tomar en cuenta: tu tono de voz debe expresar certidumbre, entusiasmo, claridad y compromiso. Conocí a muchos vendedores que sonaban como interrogadores policiales. Ese es un tono de muerte. Debes entonces sonar familiar, con un tono de voz que pueda ayudar al prospecto a alcanzar sus objetivos. No sonar como alguien que es un enemigo. Al usar ciertas tonalidades, la imaginación del prospecto se apodera para crear una imagen mental de quién eres. Incluso cuando no pueden verte a través del teléfono, su mente inconsciente toma el control para provocar una respuesta de lucha o huida. Esto sucede en un nivel muy profundo del subconsciente que el mismo prospecto no es capaz de prevenir o controlar. Todos poseemos esta voz interior que narra en contra de la persona con la que nos encontramos estableciendo una conversación.

Cuando están al teléfono con un cliente, éste constantemente está realizando un diálogo interno lleno de preguntas.

"¿Puedo confiar en esta persona?, ¿es alguien real?, ¿será que está diciendo la verdad?"

Al usar el poder de la tonalidad, puedes establecer la confianza y credibilidad con el cliente que luego te permite seguir adelante con el proceso de venta. Muchos de esos "gurús de ventas" se saltan esta parte.

El poder del patrón de lenguaje

. . .

El patrón de lenguaje es otro tema clave que creo que es importante para la forma en la que hablamos. Éste describe las palabras que escogemos para describir ciertas cosas, y es que algunas palabras conllevan un poder diferente. Las palabras "bueno" y "fenomenal" son a menudo sinónimas pero el intercambio de esas mismas palabras puede significar algo completamente diferente. Puedes decirle a tu cliente que tu producto es bueno o puedes decirle que es fenomenal. Una carga mucho más peso que la otra. Recuerda, tu tonalidad debe apoyar al patrón de lenguaje que eliges. Si dices la palabra "fenomenal" con un tono monótono, la palabra pierde su poder. Pero si la dices con entusiasmo, obtienes un resultado poderoso al hablar. A menudo es interesante que la historia británica nos diga que cómo hablas y qué palabras eliges terminan por dictar la posición de una persona en la jerarquía de la clase económica. No es tan prevalente hoy en día, pero antes de la era moderna los ciudadanos de la clase social noble hablaban de manera distinta a aquellos de la clase obrera.

Con toda esa inteligencia, ese entusiasmo y agudeza que te caracteriza, ten una expectativa de ti mismo con respecto a cómo hablas. Tu tonalidad y patrón de lenguaje darán a conocer tu identidad y quién eres como emprendedor o emprendedora. Haz uso de palabras elegantes y con absoluta certeza. Evita usar palabras como: necesito, tal vez, casi, debería, promedio, bueno, problema, e incluso aburrido.

Esas palabras son victimarias. Estas palabras desempoderan a aquellos que las usan. La gente que habla con ellas son víctimas de sus propias circunstancias. Si quieres parecer como una persona que es capaz de resolver problemas, debes convertirte en el creador de circunstancias, no la víctima de ellas. Hablamos de esto en el capítulo uno como parte del viaje de desarrollo personal. Yo creo que el poder del lenguaje existe y puede formar cómo eres como persona.

Aquí te presento otro dato en cuanto al poder del lenguaje.

Cuando Dios creó el universo, no lo hizo con sus todopoderosas manos. Él creó el universo y la vida con el poder de la palabra. A través de estas, la vida comenzó su curso. Porque fuimos creados a su imagen y semejanza; nosotros igual podemos crear circunstancias y posibilidades usando el poder de la palabra. Si no crees en Dios, ¡eso está bien! Sin importar lo que tú creas que es tu verdad, quiero que sepas que la creación inicia con las palabras. Creación de posibilidades, de verdades, de creencias e incluso de ideas. Todo es producto de la declaración verbal de alguien.

. . .

Aquellos que hablan de poder y posibilidad crearán poderosas posibilidades. Ninguna circunstancia o situación se crea por sí sola. Son creadas por aquellos que entienden el poder de las palabras y la acción que sigue.

El arte de las ventas

Este es el pan y la mantequilla. No puedes tener un negocio sin ventas y marketing. Déjame decirlo de nuevo. ¡NO PUEDES tener un negocio sin ventas y marketing! Si tienes mal gusto por las ventas, entonces vas a tener dificultades para hacer crecer tu negocio. Si tienes alguna noción negativa sobre las ventas, aclaremos antes de seguir adelante.

Personalmente, las ventas son la profesión y el arte más noble que se me ocurre. Si se hace de manera ética, las ventas son un arte de empoderar a otros con claridad y certeza acerca de tu producto o servicio si realmente lo necesitan. Si reconoces que tu cliente necesita urgentemente una solución que puedas brindarle, entonces es tu deber influir y persuadir a esa persona para que compre tu producto o servicio. Sin vendedores, las empresas no pueden crecer. Sin ellos, los clientes no tendrán instrucciones sobre qué producto o servicio es mejor para ellos.

. . .

Entendiendo las Ventas

Antes de que aborde las estrategias de ventas, primero quiero aclarar unas cosas sobre el tema.

Mito #1: Las ventas se trata de presionar a una persona para que compre.

Las ventas NO tratan de esto. Si abordas el papel de vendedor de una manera elegante y habiendo construido buenas relaciones con tus clientes potenciales, no necesitarás recurrir a la presión para poder vender.

Mito #2: Debes hablar muy rápido y con mucho entusiasmo hasta el punto de agobiar a tu cliente.

Esta sólo es una media verdad. Si bien el ser entusiasta en una gran parte de la tarea del vendedor, hablar con rapidez no te ayudará en lo absoluto.

Mito #3: Necesitas ser un vendedor natural. No todo mundo nació para las ventas.

Existen algunos vendedores naturales y talentosos mientras que otros han tenido que aprender la labor a lo largo del camino. He ahí la buena noticia. El trabajo de las ventas puede ser aprendido y todos pueden triunfar de la misma forma ya sea si son vendedores naturales o si tuvieron que aprender desde cero.

Protegiendo tu negocio

Este es otro aspecto a tomar en cuenta cuando quieres dirigir un negocio que no debes hacer tú sólo. Cuando me refiero a proteger tu negocio, me refiero a contratar un buen abogado. No quieres googlear cosas al respecto de este tema.

Créeme, pagarás más para arreglar tus errores que teniendo que pagar por el tiempo de un abogado. Mencioné a Mark Kohler en la sección pasada. Fui afortunado de haber fundado mi corporación junto a él y su asesoramiento. Por esa razón sabía que mi empresa estaba asegurada y preparada para protegerse contra cualquier clase de demanda, siempre y cuando yo haga mi trabajo manteniendo el estatus positivo de mi empresa.

Te advierto de antemano que no te conviene pagar en línea a ninguno de esos servicios legales que apelan que pueden protegerte a ti y a tu negocio. Déjame decirte ahora mismo que estarías cometiendo un grave error si decides ser tu propio abogado. Cada negocio o industria poseen ciertas reglas que les son aplicables. Además, cada

estado tiene leyes únicas y tarifas para comenzar un negocio, especialmente cuando se trata de abrir un restaurante
o una tienda de ventas minoristas. Quieres estar preparado con el abogado correcto que te ayude a distinguir
qué es lo que necesitas.

Hablemos de contratos. Mi primera respuesta cuando me
preguntan acerca de la creación de un contrato es: "ve a
buscar la correcta ayuda legal para tu negocio". No, no
estoy bromeando cuando se trata de crear un contrato. Y
siempre paga a tu abogado, porque de no hacerlo no se
encuentran legalmente obligados a dar el cien por ciento
de sí al momento de asesorarte. Se llama deber fiduciario.

Si les pagas, entonces sí que están obligados a entregarte
un servicio satisfactorio y ser responsables en su trabajo.

Ahora, puedo educarte un poco con respecto a entidades
legales. Una vez más, yo no soy abogado así que consulta
uno legítimo y con licencia acerca de qué entidades
funcionan a favor de tu negocio. En la mayoría de los
casos existen corporaciones, empresas de responsabilidad
limitada (LLC), socios de responsabilidad limitada,
proyectos en conjunto, propietario único, entre otras. Si
no consigues ninguna de estas o no tienes idea qué es lo
que te conviene a ti y a tu negocio, en ese caso considé-

rate un propietario único. Esa es la entidad legal por defecto.

Como propietario único, eres personalmente responsable de tu negocio. Así que, si alguien demanda a tu empresa, en realidad al que demandan es a ti. Es por eso que es importante tener una entidad legal correcta aunada a tu negocio.

No hay realmente prisa en incorporar tu negocio a no ser que como empresa lo requieras para poder construir y dar inicio a tu empresa (o si es que tu abogado piensa que es importante hacerlo).

Enfrentando el fracaso.

El dolor vendrá sin importar qué tan cauteloso seas, así que queda en tus manos cómo decidas afrontarlo. ¿Tomarás al dolor como una señal de que debes renunciar o vas a tomarlo como una oportunidad para aprender de ello y crecer? La mayoría de las personas renunciarían a la primera señal de dolor, de desafíos o complicaciones. Pero las personas que lo logran son aquellas que no renuncian y se enfrentan cara a cara a los retos. Cuando tomas esos retos como oportunidades, experimentarás la claridad. La claridad es en donde quieres estar, no en la frustración o el enojo. No nubles tu mente con emociones negativas porque eso drena tu creatividad. Bloquea el paso de la lógica a través de tu mente.

Te digo esto ahora porque quiero que estés preparado para enfrentarte a estos desafíos cuando se te presenten. Cuando esto suceda, quiero que te relajes y te preguntes: ¿cuál es la manera más lógica para salir de esta situación?, ¿a quién le puedo pedir consejo?, ¿qué está en juego?, ¿qué me llevó a estar en esta situación en primer lugar?

Fracasa rápido

Ya hemos hablado de cuando estos desafíos inevitables lleguen a ti. Pero, ¿qué tal si los eliminamos al fracasar rápido? Realmente me encanta este concepto de "fracasar rápido" que vi primero de boca de Robert Kiyosaki, autor de Padre rico. Padre pobre.

"Fracasar rápido" es la idea de experimentar estos desafíos lo antes posible y con mayor frecuencia para aprender de ellos. Al inicio de tu negocio te vas a atorar. Serás terrible en lo que haces. Pero, ¡haz más y fracasa más rápido! Aprendes cada vez que fracasas. Lo que careces en habilidad, compénsalo con experiencia.

Digamos que buscas más clientes. Quiero entonces que publiques más promocionales, que intentes nuevas estrategias, habla con tus mentores y monitorea tus resultados. Esta es la mejor manera de aprender y conseguir experiencia a largo plazo.

Escribo este libro no por experiencia académica o gracias a mi investigación sobre el mundo de los negocios. Escribo directo de mi experiencia. Comparto mis fracasos, desafíos y lo que tuve que soportar estos últimos años. Algún día escribirás un libro y compartirás tu versión de los desafíos que enfrentaste, así que no tengas miedo de fallar y no tengas miedo de cometer errores, es inevitable. Cuanto más intentes resistirte al fracaso y a los errores, peor estarás trabajando en tu negocio.

Es muy importante que aprendas de tus fracasos y errores del pasado. Sin importar lo minúsculo que parezca a simple vista.

Comenzar un negocio es como conducir un experimento científico. ¿Recuerdas haber aprendido sobre el método científico en la escuela?

Primero necesitas identificar un problema o una pregunta que puedas tener. "Estoy teniendo un problema con esto y también con mucha otra gente. ¿Qué puedo crear para poder resolver este problema?, ¿existe acaso ya una solución?" Esas dos preguntas por sí mismas harán que en tu cabeza comiences a buscar respuestas.

Como con el método científico, debes comenzar por crear una hipótesis. En este caso, un producto o un servicio. El experimento en sí es la puesta a prueba del producto que hayas creado o el servicio que hayas puesto en marcha. No todo saldrá a la perfección la primera vez. Es por esto que se le llama experimento. Tienes que estar dispuesto a probarlo para así poder encontrar la manera de "dar al clavo". Igual te darás cuenta de que dicho "clavo" se encontraba en constante movimiento y tú también debiste estarlo desde el inicio.

Y en ocasiones, tendrás que confiar en tus sentimientos e instintos con lo que respecta a ciertas situaciones. Así sucede por ejemplo en el caso de las actividades de entrenamiento de combate en los campos militares. La mayor parte de los cadetes se encuentran siempre en encrucijadas que ponen a prueba su capacidad de tomar decisiones. Muchos de ellos tienen complicaciones con respecto a esto por la simple razón de que se torturan tratando de encontrar la "solución correcta" cuando, en esos casos, no existe realmente una respuesta.

. . .

Aquí presento cómo yo hubiera hecho las cosas. En una primera instancia, cuando fuera mi turno de liderar el escenario de entrenamiento tomaríamos una decisión desde un inicio sobre cómo el ataque empezaría y qué hacer con respecto a la comunicación. Marcharemos juntos hacia donde la base enemiga se encuentre. Comenzaremos el ataque teniendo en cuenta que nuestros planes originales podrían terminar descartados. Las cosas no siempre son como uno lo imagina en un principio.

Tendríamos entonces que cambiar nuestros planes y tomar nuevas decisiones al momento. Yo tendría que mantener la comunicación y tomar decisiones acerca de nuestros siguientes movimientos. En ocasiones, tendría que hacerlo sin pensar porque incluso no tomar una decisión es una decisión en sí misma. El tiempo es esencial. Sé que, en una situación de guerra real, mi grupo hubiera sido asesinado por el enemigo si me detengo a pensar demasiado en la decisión correcta. Esa es la razón por la que te advierto acerca de pensar demasiado o planear demasiado. Las cosas van a cambiar todo el tiempo. Lo mejor que puedes hacer es simplemente hacerlo.

El tiempo lo es todo

La organización del tiempo es crucial cuando uno trata de lanzar un negocio al mercado, promocionar un producto o dirigir una campaña publicitaria, incluso aplica cuando pretendes publicar un pequeño anuncio.

Hay una razón por la cual la mayor parte de los productos de higiene femenina son promocionados durante el mediodía. Gran parte de las amas de casa están en esos momentos pasando de canal en canal en busca de algún programa o telenovela que disfrutar. La mayoría de los comercializadores saben que esta es la hora estelar para promocionar productos del interés de mujeres con hijos o que se encuentran por una u otra razón en casa. Por esa misma razón, muchos de los comerciales de cerveza suceden durante partidos de fútbol o de béisbol. Una vez que hayas entendido quién es tu cliente, podrás empezar a situar tu negocio en el tiempo correcto.

Ganar dinero para tu negocio

Casi dejé fuera esta sección del libro pero luego me di cuenta de que eso sería negligente de mi parte al no hablar sobre cómo puedes ganar dinero para tu negocio. Con esto no me refiero exclusivamente a las ventas, sino que me refiero al capital inicial y las inversiones que tendrás que realizar para dar pie a tu negocio.

. . .

Cuando yo inicié, todo lo que tenía ahorrado eran unos $500 dólares en mi cuenta bancaria y $600 dólares de crédito en mis tarjetas. Eso era todo. Pero, después de eso logré conseguir dinero gracias a haber servido en el ejército.

Con eso, había logrado juntar unos $3500 a lo largo de cuatro meses. Primero destiné parte de ese dinero en conseguir el equipo que necesitaría y en material de propaganda de mi negocio. Debo mencionar que con esto igual terminé por sobregirar mi tarjeta de crédito (para nada inteligente de mi parte) Pero sabía que todo finalmente valdría la pena. Había dedicado tanta pasión en el proyecto de iniciar mi propia empresa que decidí invertir todo lo que tenía para poder lograr mi sueño.

Si no estás dispuesto a dar todo lo que tienes de ti e invertirlo en tu negocio, entonces encuentra otra idea en la qué trabajar. Tu pasión hablará por sí sola y te permitirá ser irracional de vez en cuando.

Monitorea y rastrea TODO

Uno de mis mentores me enseñó que no puedo mejorar todo lo que no superviso o monitoreo. Esto incluye cuántas horas dedicas cada día a tareas individuales. Te recomendaría que mantuvieras un registro en alguna parte.

Lo primero que debes hacer es controlar dónde gastas o se inviertes tu tiempo. Este es el recurso más importante que tienes. ¡Es la hora!

En segundo lugar, averigüa cuántos clientes potenciales está generando tu negocio por semana. Esta es una excelente manera de realizar un seguimiento de tu eficacia en marketing. Te recomendaría trabajar con un software de marketing de relaciones con el cliente (por sus siglas en inglés, CRM). Es una herramienta que te permite monitorear a los clientes nuevos y los clientes existentes para que no estés luchando por obtener información sobre estos.

La gestión o administración de relaciones con el cliente (conocida por sus siglas en inglés CRM) es esencial para el éxito de tus planes de marketing y tus ventas. Puede ser un aspecto difícil de aprender, pero una vez que te acostumbras serás capaz de ser eficiente en la manera en la que manejas a tus clientes y a tus clientes prospectos.

. . .

En tercer lugar, realice un seguimiento de las proporciones individuales. Por lo tanto, quiero que tomes una cantidad aproximada de clientes potenciales que estás generando y la dividas por la cantidad de tiempo que pasaste esa semana generando esa cantidad de clientes. Eso debería darte una buena idea de cuánto tiempo estás dedicando a adquirir un solo cliente potencial. Si tardas una hora en adquirir un cliente potencial, averigüa cómo puedes hacerlo en 30 minutos o menos. De esa manera, ¡estás invirtiendo tu tiempo de manera más inteligente!

También puedes realizar un seguimiento de cuánto tiempo estás gastando para generar la cantidad de ingresos que estás ganando. Si está ganando $2 000 dólares en ventas brutas con una semana de 50 horas, sabe que puede generar ingresos brutos por valor de $40 dólares en una hora. De esa manera, puedes descubrir cómo ganar $50, $60 o incluso $100 dólares por hora en tu negocio. Incluso si es un dólar negativo, quiero que midas todo. Si elaboras productos, quiero que te tomes el tiempo para que puedas descubrir cómo hacer que tu proceso sea más rápido y al mismo tiempo mantener la calidad.

Te mostraré exactamente cómo rastrear y monitorear las finanzas de tu negocio en algunas secciones más adelante. Ahora mismo, lo importante es que desarrolles esta mentalidad de rastrear todo. Anótalos o usa una computadora para registrar todo. Recomiendo comenzar con una simple hoja de Excel. Si no sabes cómo usar Microsoft Excel, ¡mira un video de Youtube sobre cómo usar Excel! Te sorprenderá lo lejos que puedes llegar con un programa simple de Excel.

¿Dónde está el negocio ahora?

Necesito que seas realmente honesto contigo mismo y con tu negocio. Si no eres capaz de esto, deja que otra persona te dé una opinión honesta. Sé honesto en cuanto a dónde está tu negocio ahora mismo. Antes de continuar, con esto no me refiero necesariamente a la ubicación física, sino al estado y la condición de tu negocio. Pero si la ubicación es lo que te causa problemas, la solución la tienes a la mano.

Déjame darte un plan de acción. Quiero que controles tu negocio como si no fuera tuyo. Elige un día en el que indagues en tu empresa y descubras maneras de mejorar. Sé honesto y directo contigo mismo y tu negocio. Pídele a la gente que trabaje contigo que te dé su opinión. Recuerda que la honestidad y la transparencia es muy importante en un negocio. Cuando hagas reuniones con tu equipo, ten esto en mente. Sin ello, lo único que sucederá son malentendidos y drama. El drama, recuerda, es lo más tóxico que puede suceder dentro de una empresa. Permite que tú y tu equipo pongas todas sus cartas sobre la mesa. Sé honesto, incluso ante las noticias negativas.

5

El dónde

"COMIENZA DONDE ESTÁS. Usa lo que tengas. Haz lo que puedas" -Arthur Ashe

La ubicación siempre ha sido un factor importante para los nuevos negocios. Pero, con los cambios en el mundo de las redes sociales, la ubicación no es un problema. Cada vez más empresas se están volviendo 100% digitales. He visto panaderías cerrar y cambiar exclusivamente a la venta de pedidos en línea. Por lo tanto, no se necesitan ubicaciones físicas para administrar el negocio, lo que también se traduce en gastos reducidos.

Soy un gran fanático de las redes sociales y los negocios en línea. Es la forma más ágil y sencilla de iniciar su negocio. Cuando digo esto, me refiero a la eficiencia de las operaciones comerciales.

El viejo marketing vs el nuevo marketing

Hoy en día, las cosas dentro del mundo del marketing son muy diferentes a como lo eran en la década de los ochentas.

En esa época, los comerciales de televisión eran la manera más efectiva de comunicar un mensaje y promocionar productos y servicios a tus clientes potenciales. Pero, incluso antes de los ochenta, la radio era la fuerza dominante en el mundo del marketing junto a los anuncios en el periódico.

Esas son las viejas formas del marketing. Los clientes no tenían mucha voz en cuanto a lo que sus necesidades se refería. Las empresas tenían que descubrir lo que los clientes querían a través de prueba y error. Sólo podían conocer los resultados de sus estrategias de mercadotecnia a través de analizar sus números de ventas y el dinero que estaban generando.

. . .

Ahora, las cosas son extremadamente complejas y frágiles.

Con la adopción de Internet y las tecnologías inteligentes, el poder de las empresas se ha desplazado hacia los clientes.

Ahora los clientes tienen aún más poder que el negocio.

Tienen mucha más voz en cuanto a lo que quieren de sus marcas favoritas y las marcas deben escuchar o se hundirán.

El internet

El internet pareciera ser una herramienta obvia, pero algunos de ustedes puede que aún encuentren dificultades en el uso de dicha herramienta, lo cual no tiene nada de malo. Puedes aprender a usar esta herramienta de la misma manera en la que puedes aprender a usar cualquier otra cosa. Puede ser dominado. Pero he aquí la manera en que puedes dominar cualquier herramienta. Primero debes abandonar el miedo. Cuando le temes a algo nuevo, que nunca has experimentado, es cuando creas un velo artificial entre tú y el tema en cuestión.

Debes interiorizar esto dentro de tu patrón de pensamiento. Aquello a lo que le temas, no podrás dominarlo.

Ahora, de vuelta al tema del internet. Puedo acreditar casi la mitad de las cosas que he aprendido del mundo al internet. Hace unos cuantos días mi triturador de basura dejó de funcionar. Podía escuchar un zumbido pero nada más. Se convirtió en un problema cuando el lavabo comenzaba a inundarse con agua sucia. Pensé en llamar al plomero o a cualquier otro experto para que me ayudara, pero en lugar de hacer eso decidí buscar en Google un video tutorial de Youtube que me enseñara a reparar el aparato.

Resulta que este era un problema bastante común y todo lo que tenía que hacer era comprar una llave Allen de seis milímetros para manualmente girar el molinillo dentro del triturador de basura. Por la cantidad de un dólar con noventa y nueve centavos compré un set de llaves Allen y yo sólo arreglé mi problema.

Si hubiese llamado a un plomero, estoy seguro de que me hubiera costado mucho más dinero de lo que realmente me terminó costando haciéndolo yo mismo.

El internet es genial porque esa y cualquier otra pieza de información se encuentra ahí, al alcance de mis dedos. Si no sabes cómo hacer algo, ¡simplemente búscalo en Google!

Youtube tiene una cantidad abundante de información sobre cualquier cosa.

De hecho, yo igual he aprendido a tocar la guitarra gracias a Youtube. No tuve que contratar a ningún maestro privado que me enseñara. Con persistencia, aprendí a tocar mi canción favorita.

Ese es el poder del internet, no lo subestimes. Esto está dirigido a todos aquellos que se han quedado atrapados en la antigüedad y en sus viejos hábitos.

Incluso cuando hablamos de marketing, los métodos antiguos están rápidamente desapareciendo. Las postales, el directorio, los anuncios de periódicos y las marquesinas son ahora considerados de "la vieja escuela". Si lo que quieres es llamar la atención de los millennials o las generaciones XYZ, debes adentrarte al mundo digital. ¡Punto!.

Marketing: el arte de llamar la atención

. . .

Llamar la atención elegantemente, eso es el marketing. No se trata de irrumpir en la mente de alguien para venderle cosas. Es sobre mejorar la experiencia de alguien dándole valor a dicha experiencia. El valor puede ser desde entretenimiento, información hasta recursos.

Hay una razón por la que la gente se salta los anuncios de Youtube cuando tratan de ver videos de gatos. Los anuncios interrumpen la experiencia. Al interrumpirse, el valor se pierde. Tus esfuerzos de marketing deben entonces ser como esos vídeos de gatos. Crea algo que sirva el mismo propósito de dar valor y que sirva a tu negocio para promocionar.

Muchos gurús de marketing se refieren al marketing como la "creación de contenido". Por mi parte, prefiero llamarle "mensaje".

Un contenido no incita a que la audiencia reflexione al respecto, con un mensaje el punto es ese mismo: buscar que la audiencia se involucre en una conversación que les lleve a consumir un producto o servicio.

Las pancartas, las tarjetas empresariales, los folletos, los comerciales. Todo eso son simples medios de transporte que puedes usar para compartir tu mensaje, pero de nada sirve gastar cantidades exorbitantes de dinero en estos medios si el mensaje no es lo suficientemente cautivador para llamar la atención. A eso yo le llamo "marketing perezoso". Igual puede ser que hayan herramientas de marketing que no te funcionen.

Métodos de envío.

Así que hablemos de los métodos de envío. Con esto me refiero a la forma en que vas a entregar tu mensaje a tu cliente. Uno de mis métodos favoritos son las redes sociales.

Son gratuitas y, además, son incluso más poderosas que los medios tradicionales de marketing. Pero las personas a menudo cometen errores al subestimar el poder de las redes sociales o simplemente al hacer un mal uso de estas.

Primero un par de cosas, nunca trates las redes sociales como un libro de páginas amarillas.

Veo que demasiadas personas usan las redes sociales como una herramienta transaccional en lugar de un lugar para construir una marca. No es un lugar para que hagas estallar tu publicidad o bombardear Facebook e Instagram con anuncios. Se necesita elegancia y sutileza para ser un comercializador exitoso en la regulación de las redes sociales. Con esto dicho, aquí están mis Diez mandamientos cuando se trata de utilizar las redes sociales para marketing.

1. No publicarás folletos en las redes sociales como una forma de "atraer" clientes.
2. Deberás construir relaciones, establecer contactos y cultivarlas en las redes sociales.
3. Proporcionarás valor a tu audiencia compartiendo los artículos de tu blog, conocimientos, experiencia, mensajes entretenidos e incluso los secretos de tu industria en las redes sociales.
4. Serás consciente de las redes sociales que más usa tu audiencia y estarás atento a ellas.
5. No debes atacar, insultar, herir, acosar o humillar a nadie en línea, incluso si alguien te insulta.
6. Nunca venderás duro en las redes sociales.
7. Nunca escribirás nada negativo sobre tus competidores u otros negocios.
8. Serás humano, amable y auténtico cuando compartas tu mensaje con tu audiencia.
9. Siempre estarás dispuesto a dar, dar y dar a tu audiencia.

10. Nunca compartirás negatividad en redes sociales.

Esas son algunas de las reglas más cruciales que tienes que seguir. Me encuentro casi reacio a decir "reglas" porque realmente no existe un conjunto de reglas a seguir cuando de redes sociales se trata. Tienes la libertad última de hacer lo que sea que desees hacer pero debes entender que las acciones tienen consecuencias. Puedes experimentar libremente como desees. Recuerda, estás lidiando con personas reales con pensamientos y emociones reales. Si alguna vez dañar una relación, será complicado recuperarla y enmendar la situación.

Mucha gente comete el error de pensar que es correcto publicar mensajes dañinos en redes sociales porque creen que sus palabras no tendrán efecto en el mundo real. De hecho, estas tienen un impacto mucho más significativo porque ahora se encuentran por siempre registradas en el internet.

Por otra parte, puedes usar el mismo concepto a tu favor.

Las redes sociales actúan como amplificadores y ecualizadores para promover tu mensaje y marca personal con una infinidad de posibilidades.

· · ·

De hecho, a la mayoría de las grandes corporaciones les cuesta entender cómo manejarse dentro de las redes sociales. En el mundo en el que vivimos, la gente quiere hablar con gente y no con figuras omnipresentes sin rostro. No quieren lidiar con mega-corporaciones con representantes robotizados de atención al cliente.

Uno de mis mentores favoritos y un gran amigo mío sabía cómo era incluso antes de que nos pudiéramos conocer en persona gracias a mi perfil en Facebook. Él se dió cuenta de que era un experto de la industria de las bienes raíces, del emprendimiento y del marketing. Cuando nos conocimos por primera vez en persona, nosotros ya habíamos creado una relación sutil previa. No nos sentíamos como extraños.

Esa es la clase de poder que acarrean las redes sociales.

Las más grandes compañías alrededor del mundo tienen el mismo porcentaje de poder que tú tienes cuando se trata de marketing en redes sociales. De hecho, tú posees mayor credibilidad debido a que la gente tiende a evitar a aquellas grandes corporaciones que "intentan" comunicarse con sus clientes.

. . .

Recuerda, las redes sociales no son como el directorio.

Que, por cierto, no estoy muy seguro si la gente aún utiliza el directorio. Con las redes sociales, tienes que ser más elegante y sutil.

Con demasiada frecuencia, veo a empresarios y dueños de negocios salir y publicar sus piezas publicitarias en las redes sociales pensando que eso es marketing. Esa es una receta para el desastre. Si bien parece un movimiento lógico, éste no tiene poder ni valor. No hace más que perturbar la experiencia de las personas en las redes sociales. En lugar de buscar una gratificación instantánea recurriendo a este tipo de estrategia, concéntrate en construir una marca.

Para construir una marca, quiero que compartas y des valor al máximo. Enséñale algo a tu cliente y brinda información sobre las posibles soluciones a sus desafíos. La clave del éxito en cualquier plataforma de redes sociales es construir relaciones y proporcionar información clave. También debes establecer una relación con tu audiencia. Sé entusiasta, agudo y un experto en tu campo cuando te presentes en redes sociales.

. . .

Promueve conversaciones haciendo preguntas productivas.

Recuerda, estás contando tu historia y compartiendo en los lugares correctos y en los momentos apropiados.

Si tus amigos de Facebook no quieren escuchar cómo la ley afecta a tu compañía, entonces no lo compartas. Sin embargo, puedes encontrar algún grupo en Facebook al que el tema le interese. Ahora, se preguntarán ¿por qué querría compartir eso con mi competencia?, ¿qué no debería mantener conmigo los secretos de la industria? Bueno, esa es una pregunta excelente. He aprendido que al compartir tus secretos y experiencia te desarrollas a ti mismo como líder. Cuando los dueños de negocios buscan tu consejo, es ahí donde sabes que has alcanzado una buena posición en la que tu experiencia vale la pena. No sólo como miembro activo de la industria, sino como consultante de negocios e incluso como coach. Ahora, tu influencia en el mercado ha aumentado y alcanzado a un grupo completamente dispuesto a escucharte y aprender de ti.

Podrás estar en desacuerdo conmigo y decir que esto es contra intuitivo y dañino para tu negocio, pero ¿qué no muchas cosas en nuestro mundo son contra intuitivas de por sí? Lógicamente, si compartes tu experiencia con el resto, entonces estos regresarán el favor con el tiempo. Quizá esto no suceda en todas las ocasiones, pero sí que notarás un cambio en cómo la gente se acerca a ti.

Conozco a líderes de la industria que hacen más dinero vendiendo su experiencia y conocimiento que lo que ganan vendiendo sus propios productos. Todo es cuestión de posicionamiento y las redes sociales pueden serte de gran ayuda en ello.

Grupos de las redes sociales

Decidí hablar de este tema en una sola y exclusiva sección por lo importante que son los grupos en redes sociales.

Mucha gente tiende a ignorar este apartado de sus perfiles de las redes sociales que usan. El poder de estos grupos es subestimado quizá porque no está siendo visto de la manera en la que debería ser visto. Podrías comenzar viendo a los grupos como una comunidad de posibles clientes para tu negocio. Yo he conocido a mucha de la gente con la que hago negocios a partir de grupos de Facebook.

. . .

Lo mejor de un negocio es un líder que puede reunir a una multitud dentro de una comunidad. Debes tomar cargo y ponerte en la línea de fuego. Lidera al grupo creando una cultura colaborativa dentro del grupo. He aquí a lo que me refiero.

Si quieres ser exitoso en tus esfuerzos de marketing para tu negocio, necesitas primero tener un cliente, ¿no? ¿Quiénes son tus clientes? ¿Por qué siquiera querrían o necesitan tu producto o servicio? Averigua todo lo que puedas sobre tu posible grupo de clientes y adapta tu negocio a sus necesidades.

Sitios web y blogs

Hoy en día, esto es esencial para toda empresa. El 80% de los clientes ahora están en línea. Eso significa que si no tienes un sitio web o un blog, estás desperdiciando una cantidad masiva de clientes que podrías y DEBERÍAS tener en cuenta. Obtendrás mejores resultados en línea que pagando por ser publicitado en televisión o en el periódico.

Hoy en día, si planeas crecer tu negocio más allá de tu área local, la mejor herramienta que puedes usar es tener una presencia en línea.

. . .

Ahora, ¿qué hay de los blogs? ¡A mí me encantan! Son lo mejor para el posicionamiento. Esto es cuando te sitúas como un experto de la industria. Vender tus productos o servicios será más sencillo si eres un experto. Los blogs te dan la habilidad de compartir tu experiencia, conocimiento y experiencia única.

La clave es crear valor al proporcionar información y conocimiento. He aquí un pequeño consejo: la ley universal para el éxito es dar, dar, dar y dar más. Da información, conocimiento, tiempo, de todo. Conecta personas con otras personas, invierte tu tiempo en promoción y consulta. Si quieres ser exitoso en el mundo de los negocios, tienes que aprender a dar ahora y preguntar después.

Si eres muy nuevo en este mundo del emprendedor y tomaste este libro por curiosidad, mi consejo número uno sobre cómo puedes iniciar un negocio es: ¡comienza escribiendo un blog! Ahora, si no eres escritor (como yo), entonces comienza en otros medios. Crea un canal en Youtube y comparte tu conocimiento a través de videos y tutoriales. Contribuye al universo y el universo te regresará el favor en monedas y billetes.

. . .

Ahora, aparte de preparar a tu cliente potencial para las ventas. Los sitios web son una gran herramienta para generar confianza y credibilidad para tu empresa. Personalmente, soy de los que reviso a las empresas para ver si tienen un sitio web y saber si se toman en serio lo que hacen. Si no tiene un sitio web, me voy con otros que sí lo tengan. Es así de importante. Y si está pensando que esto no le sucede al resto de tus clientes potenciales, entonces te estás engañando a ti mismo. Buscarán en Google tu negocio o tu nombre y si no pueden encontrarlo allí, entonces despídete de ellos. No permitas que nada tan simple como un sitio web se entrometa en tu camino al éxito.

Sé diferente y sorprendentemente profundo. Recuerdo que fui capaz de llamar la atención de mi público y de las personas en mis redes sociales al hacer afirmaciones audaces. En ocasiones incluso decía cosas que me hacían ver como un loco. Personalmente no recomiendo esta táctica.

Puede que la gente termine tomándolo como muestra de que eres insincero y, por tanto, perderás tu credibilidad y la confianza de tus clientes. En mi caso, mi energía y pasión hablaron por sí solas y, eventualmente, la gente comenzó a respetarme al ver que tenía la habilidad de realmente producir resultados.

. . .

En ocasiones, tendrás que hacer cosas extremadamente alocadas para poder llamar la atención. Piensa en aquellas celebridades que han hecho hasta lo imposible para obtener la atención de la prensa y del público. Pero recuerda, llamar la atención no significa poner en riesgo a nadie. Siempre utiliza técnicas éticas para promover tu pasión y energía al público. Asesinar a alguien para llamar la atención de una audiencia no es una buena estrategia de marketing o comercial.

Operando tu negocio

Aquí viene la parte divertida del asunto. En esta sección, hablaremos de las funciones primarias de manejar un negocio. Un tema en común dentro de este apartado es el concepto del sistema. Queremos estar seguros de que estés dirigiendo tu negocio de una manera sistemática que te brinde resultados y un progreso consistente.

¿Sabes cuál es el nombre del restaurante más famoso del mundo? Si, es McDonald´s. ¿Y sabes por qué es tan exitoso?

. . .

Esto es porque McDonald 's ha desarrollado un sistema consistente de desarrollo a lo largo del tiempo en donde un estudiante puede dirigir el restaurante. Es por eso que la franquicia tuvo un auge durante los años 90 y principios de los 2000. Mcdonald 's sigue creciendo hoy, y crece muy rápido debido a su consistencia. McDonald 's rara vez cambia su forma de operar un negocio porque saben que funciona.

Cuando alguien decide abrir una tienda de franquicia McDonald' s, debe asumir un extenso programa de capacitación en primera línea. McDonald´s hace un gran trabajo al enfatizar la importancia de comprender el sistema central en el que se ejecutan todos los McDonald´s.

El sistema de palabra se define como un ensamblaje o combinación de cosas o partes que forman un todo complejo o unitario. Un sistema es más que un plan o un proceso. Es una forma de operar su negocio paso a paso. De un procedimiento al siguiente, te permite duplicar el éxito cada vez. Un sistema puede contener un subsistema que debe funcionar en parte como un todo.

. . .

Una forma sencilla de ejemplificar un sistema de trabajo es esta. Imagina que tu empresa vende joyas a través de su sitio web.

El primer paso de tu sistema empresarial es el marketing. Ventas y Marketing es un subsistema en el que se te proporciona un conjunto de procesos, procedimientos y actividades que permiten que tu marketing sea exitoso. Tu primer paso puede ser distribuir folletos, cupones y anuncios. El siguiente paso es que tus clientes potenciales visiten el sitio web de tu negocio y, desde allí, el cliente potencial realice una compra. Este es el final de tu primer subsistema. Ahora bien, si tienes un negocio basado en servicios, el proceso de ventas se convierte en otro subsistema que puede que necesites incorporar.

El siguiente subsistema a tomar en cuenta es el procesamiento de pedidos. Para enviar una joya a tu cliente, hay una secuencia que tienes que seguir. Primero, empaqueta tu producto e incluye el comprobante de pedido. En segundo lugar, procesa el pedido etiquetando la caja para el envío y, por último, envía el pedido. El último subsistema podría ser un sistema de soporte de servicio al cliente. Es posible que tu cliente desee cambiar o reembolsar el pedido.

6

El cómo

"DALE PESCADO al hombre y lo alimentarás por un día; enséñale a pescar y lo alimentarás de por vida" - Antiguo proverbio inglés

¡He aquí, el capítulo final! ¡Felicidades, lo has logrado! Este es el momento en el que te presentaré con todas las técnicas, estrategias y métodos que son importantes al momento de iniciar un negocio. Hasta este punto, te he estado preparando precisamente para esto. Ahora deberías ya tener una comprensión mucho más clara con respecto a las expectativas que tienes sobre tu negocio. Sabes quiénes estarán involucrados en tu empresa. De igual manera, espero que ahora puedas entender mucho más cosas sobre ti mismo, hayas descubierto tu visión y puesto en papel tus objetivos.

.   .   .

Ya has pensado un poco más sobre lo que pretendes vender, ya sea un producto o un servicio.

Igual hablamos de la locación física y mental de tu negocio a la vez que su potencial presencia en línea que afectarán de una u otra forma a tu marca. Finalmente, comentamos acerca del tiempo y de lo importante que es la organización de este así como la idea de que el mejor momento para poner en marcha tu negocio es ahora.

Unas cuantas cosas a tomar en cuenta para este capítulo. Si puedes hacer una sola cosa y olvidar el resto, quiero que tomes acción. Sólo tienes que hacer una de todas las cosas de las que te hablo. Tómalo todo de a poco, una a la vez hasta que la hayas dominado y así podrás avanzar a la siguiente tarea. Algo que tienes que tomar en cuenta es que las secciones de este capítulo no se encuentran en ningún orden en particular. Puedes saltar de una sección a la otra dependiendo de tu interés en aprender alguna habilidad específica o si es que necesitas ayuda con algo muy particular. Si eres naturalmente bueno en marketing o en ventas, enfócate en ello y aprende a cómo monitorear las finanzas de tu empresa.

De igual forma te darás cuenta que este capítulo es probablemente el más largo del libro. Escogiste este libro porque querías aprender a cómo iniciar y manejar un negocio, por tanto, aquí no encontrarás terminología académica o teoría empresarial de ningún tipo sino que se basa exclusivamente en la experiencia personal y la pericia. Todo se trata de práctica y de tomar acción. Ahora, con esto no estoy criticando al lado académico del mundo empresarial.

Ellos aportan valor en diferentes aplicaciones. Yo te proveo de mi propia experiencia y mi visión sobre lo que significa dirigir un negocio ya que yo mismo lo he vivido.

Jobs fue un vendedor fantástico y un gran visionario.

Gracias a las habilidades de liderazgo de Steve, él fue capaz de convencer a Steve Wozniak para que se uniera a él como socio y crear una computadora de escritorio personal.

Si conoces a alguien que es excepcionalmente bueno en lo que hace, capta su atención para que te ayude. Incluso si no terminan por convertirse en tu socio, mantén a esa persona como un consejero. Un buen consejero tiene una serie de habilidades especiales o información que te pueden ser de ayuda para llevar tu negocio al siguiente nivel.

. . .

Esto igual aplica para cualquier especialista de la industria como un corredor de bolsa, un agente inmobiliario,
electricista con licencia, carpintero, etc. Escoge tres de
cada categoría y desarrolla una relación comercial firme
con ellos.

Escoge un mentor

Hubo una ocasión en la que me rodeé de personas que
tenían mucha más experiencia que yo en la industria del
emprendimiento.

Había algunos que llevaban ya treinta años o más
siguiendo el camino del emprendedor y yo apenas estaba
comenzando.

Ante esto, me di cuenta que todos ellos habían llegado
hasta donde estaban por alguna u otra razón y supe que
me convenía crear relaciones con ellos.

Así que, puse mi ego a un lado y adopté una actitud que
anhelaba aprender y buscaba con fervor el cambio.
Aprendí mucho en sólo un año y logré evitar lo que pare-
cían ser diez años o más de prueba y error. Si lo que
quieres es acelerar el crecimiento de tu empresa,
encuentra un mentor. Encuentra alguien que ya haya
cometido errores y haya enfrentado el fracaso para que
así aprendas de ellos y evites cometer las mismas faltas.

. . .

Este libro mismo podría servirte de mentor, y realmente espero que lo haga. Mi objetivo es que termines de leer este libro sintiéndote confiado y seguro de tu camino para convertirte en un gran emprendedor y dirigir un negocio exitoso. Quiero que evites a toda costa la miseria y la molestia por la que yo tuve que pasar y que te comparto en estas páginas. Quizá digas "bueno, es que yo quiero cometer mis propios errores y aprender de ellos de mejor manera".

Ante eso, ¡te deseo mucha suerte! Sé a lo que te refieres con eso pero, ¿acaso no quieres cometer errores buenos? Lo que quiero decir es, quiero que evites cometer errores de principiante. Si vas a equivocarte, hazlo como un profesional.

Equivócate como un adulto, no como un niño. Te estoy ayudando a dejar de lado los errores "infantiles" para que así puedas equivocarte de la mejor forma.

Ahora, sé cuidadoso cuando elijas un mentor. Primero, encuentra a alguien que sea obviamente sano. Pero igual quiero que encuentres a alguien que piense y vea las cosas de manera distinta a ti. Esta persona no necesariamente será mejor o superior a ti. Sólo encuentra a alguien que sea capaz de proporcionarte un ángulo diferente. Yo tengo un amigo, por ejemplo, a quien considero un mentor pues me ayuda a ver las cosas y racionalizar las situaciones de manera muy distinta a la mía. Este mentor podrá tener más experiencia que tú así que él o ella será clave para proporcionarte información acerca de cómo llevar tu negocio para hacerlo crecer.

Sin embargo, existe gente que pretende ser algo que no es.

Gente que viene a ti diciendo ser mentores pero en realidad son detractores.

Necesitas entonces descifrar si es que la información que estás recibiendo es beneficiosa o dañina para tu crecimiento.

Si la persona dice algo bajo las líneas de: "¡No hagas negocios! Te vas a quedar en bancarrota porque la mayoría de los negocios fallan" ¿Acaso no es obvio que esta persona es una aguafiestas? Encuentra un mentor que esté dispuesto a decir "lo que haces es desafiante y diferente así que quiero animarte diciendo que no te des por vencido. Ponte dispuesto a buscar ayuda si la necesitas". Eso, para mí, es un buen indicio de que es un buen mentor, y él o ella es una buena persona para mantener a tu lado.

¿Quién es tu cliente?

¡Casi me olvido de esta sección! Por mucho que he hablado de ti y de tus socios comerciales, es igual de importante hablar del cliente. Sí creo que es un poco temprano como para hablar del cliente, pero quiero asegurarme de marcar la pauta para el capítulo final de este libro. Te darás cuenta pronto que todos los capítulos previos al último son mera preparación. El último capítulo es todo sobre técnicas y funciones de llevar un negocio. Si te diera todos los "cómos" ahora mismo, sería como enviarte a la guerra sin un entrenamiento adecuado. Así que, sería un despropósito para ti si te diera todos los recursos técnicos ahora mismo.

De acuerdo, hablemos acerca de quiénes son tus clientes.

Quiero que sepas de lleno, no todo mundo es o será tu cliente. Si tenías esa prenoción de que puedes convertir a quien tú quieras en un posible cliente para tu negocio, necesitas sacarte esa idea de la mente ahora mismo. No todos son o serán compradores. Tienes que entender que no todo mundo tomará en cuenta a tu negocio. Sin embargo, podemos certeramente definir quiénes queremos que se conviertan en tus clientes.

Existen dos cosas importantes que necesito que tomes en cuenta y realices inmediatamente. (1) Imagínate y crea en tu mente a tu cliente ideal, y (2) piensa en preguntas que te proporcionen conocimiento sobre tu cliente ideal.

Ahora, veamos cómo es que se verá tu cliente ideal. Cómo se ve, cómo habla, su demografía, sus antecedentes, su nivel educativo, etc. Crea la imagen más detallada que te sea posible. Sé que parecerá que caes en estereotipos, pero quédate conmigo, ya verás a dónde quiero llegar con esto. Si no tienes idea de dónde comenzar, comienza por entrevistar a tu familia y amigos preguntándoles si honestamente comprarían tu producto o servicio. Quizá tu familia no sea la indicada para solicitar opiniones cien por ciento honestas, pero servirá como una guía. Aquellos que te digan que sí comprarían tu producto, averigua el porqué. ¿Por qué les interesaría comprar tu producto o servicio? ¿Qué es lo que les llamó más la atención de lo que ofreces? Si dijeron que no lo comprarían, igual averigua la razón.

. . .

De aquí, quiero que encuentres el común denominador entre las personas que entrevistaste. ¿Cómo se ven?, ¿cuál es su estatus económico?, ¿cuál es su rango de edad?, ¿algún tipo de denominación específica que puedas identificar?, ¿qué los hace diferentes?

Conocer a tus clientes te pondrá en el buen camino al éxito a partir de los próximos capítulos. Especialmente cuando comencemos a hablar acerca de marketing, ventas, publicidad y de relaciones con el cliente.

eso no es renunciar. A eso se le llama hacer lo correcto al seguir tu pasión. Si te das cuenta que lo que estás haciendo no funciona a favor de tu visión y tu sueño, es entonces tiempo de invertir tus esfuerzos en otra clase de negocio.

Pero no abandones la idea de ser un emprendedor. No renuncies a tu visión o a tu sueño. No pienses en dejarlo todo para terminar conformándote con el primer trabajo que te pase de frente. No te retires por una falsa sensación de seguridad. Te diré ahora mismo que alguien o algo en tu futuro te tentará a abandonar el camino de tu visión. Será demasiado sencillo decir que sí y renunciar a tu negocio.

. . .

Muchos emprendedores exitosos lo han intentado y han fallado.

Aquellos que dijeron que no a la mayoría de estas tentaciones ahora cosechan el éxito que han sembrado mientras que aquellos que cayeron en la tentación se preguntan por qué es que aún no han despedido a su jefe.

Manejar un negocio exitoso es cuestión de ser capaz de decir que no a ciertas cosas incluso cuando pareciera muy complicado. Se sentirá como estar nadando en contra de la corriente.

He aquí cómo lo veo yo. La lucha es únicamente una prueba. Ver si podemos soportar este estilo de vida que tanto hemos visualizado. Es la forma en la que el universo pone a prueba si somos o no dignos de los recursos con lo que hemos sido dotados. Si puedo aguantar y permanecer dentro del juego lo suficiente, entonces mi competidores se percatarán de mi presencia, se sentirán amenazados y terminarán por abandonar siendo yo el que domine la industria.

Si puedes proveer lo mejor de lo que puedes ofrecer, entonces tendrás éxito. El éxito no es un juego de suma de ceros. Sólo porque una persona esté ganando, no significa que tú no puedas hacerlo también. Los únicos que no pueden son aquellos que renuncian con facilidad a la primera señal de posible fracaso o por temor.

Algunos de ustedes no lo lograrán. Más de la mitad de las personas que adquirieron este libro abandonarán su negocio o regresarán al mundo laboral. He aquí las buenas noticias, tú tienes la oportunidad de quedarte con tu negocio o regresar a tener a tu jefe controlando tu vida de nuevo. ¡Más te vale tomar una decisión rápida!

Tu voz interior

Una de las mayores razones por las que la gente renuncia a la vida emprendedora es que le hacen mucho más caso a sus temores que a sus visiones. Comienzan a crear historias en sus cabezas en lugar de enfocarse en lo que se encuentra frente a ellos. Aquellos que abandonan las cosas siempre se encuentran abrumados por el "Y qué sí"."¿Y qué si no puedo vender suficiente de mi producto?, ¿y qué sucede si no vendo nada de mi producto?, ¿y qué si caigo en bancarrota y no soy capaz de reembolsar a mis proveedores?" Puedes ver este espiral descendente al sin sentido, ¿no? La gente crea estas historias que no son siquiera reales. Nuestros cerebros no pueden determinar lo que es real y aquello que creamos únicamente en nuestras cabezas. Es muy importante controlar a tu voz interior y evitar que te atormenten esas falsas historias.

En la otra cara de la moneda, puedes hacer uso de esa misma capacidad intelectual para crear posibilidades para el futuro. En lugar de enfocarte en todo lo negativo, mantén tu mirada enfocada en las cosas positivas.

Cuando te concentras sólo en lo negativo, tu mente crea entonces más pensamientos negativos que no son siquiera reales. Donde sea que concentre su mente, ahí es donde irá su flujo de trabajo energético y donde sea que su energía fluya, su voz interior la seguirá.

Así que, ¿de dónde es que viene esta voz interior? Ésta solo puede emanar de dos diferentes estados mentales. Proviene ya sea del amor o del miedo. Cuando tu voz interior se encuentra manufacturada por el miedo, sueles entonces actuar y pensar desde una posición de desempoderamiento.

El miedo te atrapa y nubla tu juicio. Sin embargo, si tu voz interior se centra en el amor, ganarás entonces claridad y certidumbre. Te traerá igual felicidad y resultados positivos en tu relación con la gente. Lo desafortunado está en que hay más gente en este mundo que reside en el temor. Estas personas son detractoras, son los negativos y los despreocupados. Temen que exista una cantidad limitada de amor que uno puede tomarse la libertad de entregar al mundo. Creen que el éxito es un juego de sumar ceros. Por tanto, no comparten y tratan de quedarse con todo lo que puedan.

Hay poca gente en este mundo que legítimamente provengan del mundo del amor. Ellos creen en el poder de dar incondicionalmente y no se contienen cuando se trata de amar a otro ser humano.

He aquí cómo esto se relaciona con el mundo de los negocios. ¿Recuerdas cómo hablamos acerca de quién es la persona más importante en tu negocio? ¡Exacto, ese eres tú! Si no te encuentras en un espacio de amor y de franqueza, ¿cómo esperas actuar bajo tu más alto potencial?, ¿cómo serías capaz de atraer a los clientes que deseas atraer?, ¿cómo crearías posibilidades en tu vida si el amor? Es por eso que menciono esto antes de terminar el libro.

Algunos días terminarás trabajando por dieciocho horas corridas. Tuve un fin de semana en donde trabajé treinta y cinco horas sin descanso. Sin dormir, sin tomar siestas.

. . .

Únicamente un café bien cargado y pasión. Si estás enamorado de tu negocio, tienes que estar dispuesto a sacrificar sueño con tal de alcanzar tus metas. De seguro estás diciendo "Bueno, eso es demasiado, ¿no? Creí que habíamos despedido a nuestro jefe con la intención de vivir una mejor vida" Yo nunca dije que iba a ser sencillo. Pero si trabajas por treinta y cinco horas en una oficina, ¿los bolsillos de quién se hacen cada vez más pesados? ¿Los tuyos, o los de tu jefe? ¡Más te vale que sean los tuyos!

Igual quiero enfatizar que DEBES trabajar en las cosas correctas. Si todo lo que haces es trabajar sin rumbo, sin nada que te ayude a mejorar el proceso de tu negocio, estás desperdiciando tu tiempo.

Parte de tu tiempo debe ser invertido en un sistema que últimamente te permita trabajar menos y producir más. Sea eso un software de computadora o contratar un nuevo staff, invierte tu dinero y tu tiempo en automatizar tu negocio.

. . .

Hablamos sobre esto en el capítulo 6 donde compartí contigo como el construir un sistema es crucial para la creación de un negocio exitoso.

Si no eres capaz de descubrir cómo automatizar tu negocio dentro de un sistema funcional, pasarás mucho de tu tiempo haciendo las mismas cosas una y otra vez. Lo que es peor es que estarás restringido a una cantidad determinada de ingresos frente a la cantidad de tiempo que inviertes.

Trabaja en aumentar la recompensa del tiempo que dedicas a tu negocio. En lugar de intercambiar el tiempo por ganancia, descubre cómo puedes intercambiar conocimiento, relaciones y dinero por más dinero.

Mantente apasionado ante todo

La pasión y la motivación son como músculos. Los trabajas todos los días para que ganen fuerza y se mantengan motivados. Consulta el capítulo 2 si es que tienes complicaciones con la idea de la motivación o incluso con encontrar pasión en tu interior.

. . .

Si no tienes pasión por lo que haces, te cansarás rápidamente y perderás momentum en cuanto al crecimiento de tu negocio se refiere.

Si te das cuenta que lo que estás haciendo no funciona a favor de tu visión y tu sueño, es entonces tiempo de invertir tus esfuerzos en otra clase de negocio. Pero no abandones la idea de ser un emprendedor. No renuncies a tu visión o a tu sueño. No pienses en dejarlo todo para terminar conformándote con el primer trabajo que te pase de frente. No te retires por una falsa sensación de seguridad. Te diré ahora mismo que alguien o algo en tu futuro te tentará a abandonar el camino de tu visión. Será demasiado sencillo decir que sí y renunciar a tu negocio.

Muchos emprendedores exitosos lo han intentado y han fallado. Aquellos que dijeron que no a la mayoría de estas tentaciones ahora cosechan el éxito que han sembrado mientras que aquellos que cayeron en la tentación se preguntan por qué es que aún no han despedido a su jefe.

Manejar un negocio exitoso es cuestión de ser capaz de decir que no a ciertas cosas incluso cuando pareciera muy complicado. Se sentirá como estar nadando en contra de la corriente.

. . .

He aquí cómo lo veo yo. La lucha es únicamente una prueba. Ver si podemos soportar este estilo de vida que tanto hemos visualizado. Es la forma en la que el universo pone a prueba si somos o no dignos de los recursos con lo que hemos sido dotados. Si puedo aguantar y permanecer dentro del juego lo suficiente, entonces mis competidores se percatarán de mi presencia, se sentirán amenazados y terminarán por abandonar siendo yo el que domine la industria.

Si puedes proveer lo mejor de lo que puedes ofrecer, entonces tendrás éxito. El éxito no es un juego de suma de ceros. Sólo porque una persona esté ganando, no significa que tú no puedas hacerlo también. Los únicos que no pueden son aquellos que renuncian con facilidad a la primera señal de posible fracaso o por temor.

Algunos de ustedes no lo lograrán. Más de la mitad de las personas que adquirieron este libro abandonarán su negocio o regresarán al mundo laboral. He aquí las buenas noticias, tú tienes la oportunidad de quedarte con tu negocio o regresar a tener a tu jefe controlando tu vida de nuevo. ¡Más te vale tomar una decisión rápida!

La organización es la clave

He aquí otra clave para convertirse en una persona exitosa.

Yo sé que no es nuevo para muchos, pero no puedo hacer más énfasis en la importancia de ser organizado.

Principalmente este libro ha sido sobre mantener tu negocio en orden. Pero como discutimos en el primer capítulo, la persona más importante en tu negocio eres tú. Tú debes convertirte en alguien organizado primero antes de poner en orden a otras personas o a un negocio en sí.

Mantén tu escritorio limpio, tus estantes ordenados, tu cama bien hecha. Son las tareas más sencillas las que construyen el núcleo de tú como persona y de tu negocio. Tu disciplina será notable a través de tus acciones y tus clientes se percatarán de ello. Que tan bien sea percibido tu negocio será el reflejo directo de tus expectativas sobre ti mismo. Ahora, no actuaré como tu madre y te diré que limpies tu habitación, pero esto es parte de ser inteligente. Si tienes una casa, un cuarto, un baño o cualquier otra habitación desordenada, o cualquier otra cosa que no mencioné, te recomiendo que vayas a limpiarla. Lo que practicas en tu vida privada terminará por reflejarse en tu vida profesional y pública. De la misma forma va para tu coche si es que tienes uno.

Cuando estaba en el ejército, pasaba una hora todos los días limpiando mi cuartel. Cada centímetro de suelo trapeado con lejía. Las camas eran hechas cada mañana. Se esperaba de nosotros que limpiemos los baños y los espacios públicos todos los días.

Se necesitaba esa cantidad de disciplina para ser considerado "promedio" en el ejército. Así que, si lo que quieres es construir un negocio millonario, adopta la clase de disciplina que te consideraría "excepcional" en el ejército.

Si no tienes un calendario semanal, requiero que comiences a usar uno. Ya sea el que está instalado en tu celular o un calendario físico en papel, el caso es adoptar un método de registro de tus actividades, tareas y tu horario en un sólo lugar. Nada es peor que perderse una reunión o accidentalmente no atender una importante llamada. Sólo es cuestión de practicar integridad y hacer lo que dices que harás. Cada domingo por la noche, yo me siento frente a mi calendario para planear mi semana entera. Ahora, por supuesto, algunas cosas cambiarán a lo largo de la semana. Pero más te vale planear una pauta de tu semana. Eres el capitán de tu propio barco llamado vida. Sé responsable en cómo inviertes tu tiempo.

. . .

Tomar decisiones

Puedes tomar una decisión por miedo o por amor. A pesar de tu situación o circunstancias actuales, tienes la libertad y la elección de cómo quieres sentirte y pensar. Puedes despertarte gruñón, enojado o frustrado o puedes despertarte agradecido por otro día.

Puedes despertarte sintiéndote agradecido por poder simplemente respirar y levantarte con las manos y los pies. Esto se puede aplicar a casi cualquier situación.

Si te das cuenta de que te estás protestando o quejándote de una determinada situación, cambia rápidamente tu forma de pensar y piensa en estar agradecido. Quejarse es solo una expresión externa de los miedos profundos que tienes.

Tienes miedo de que algo no te salga bien. Tienes miedo de que otra persona controle tus circunstancias. Quejarse no logra ni construye nada. Es solo una vibración de energía negativa que flota en tu cabeza. De hecho, esta energía negativa aleja a otras personas y bloquea la creatividad.

Aquí no es donde quieres estar, pero donde muchas personas se encuentran ya. Como emprendedor, debes cimentar tu forma de pensar en el amor.

Cuando digo amor, dejemos claro que este no es el amor que nos presenta Hollywood. Me refiero al amor por la humanidad y a la profunda preocupación que tenemos los unos por los otros. Entonces, aclaremos aquí que no me refiero a la definición superficial del amor.

Esto es lo que quiero que hagas para proteger a tu mentalidad del miedo. Quiero que dejes de ver las noticias. Anteriormente en este libro, ya hablé de esto. Las noticias están llenas de información impulsada por el miedo. Tu mente lo absorbe, te guste o no. Para evitar que tu mente haga esto, debes estar alerta para proteger tu mente de la basura negativa de la que muchas personas se alimentan. En cambio, quiero que escribas 5 cosas por las que estás agradecido todos los días. Si ya mencioné esto, quiero reforzarlo. ¡Es así de importante!

. . .

¿Recuerdas cómo hablamos de rodearse de las personas adecuadas en el capítulo 1? Bueno, te voy a dar otro repaso.

Empieza a andar con personas agradecidas, positivas y cariñosas. Estas personas estarán allí para edificarte y no para derribarte. Se trata del entorno que creas para ti mismo.

Verás, algunas personas se victimizan a sí mismas y culpan a sus amigos inmediatos o a lo que le rodea. Cuando de hecho, somos nosotros los que elegimos nuestros entornos.

Conclusión: La última pieza

"He ofendido a Dios y a la humanidad porque mi trabajo no ha alcanzado la calidad que debería" -Leonardo Da Vinci

Últimas palabras

Esas fueron las últimas palabras de Leonardo Da Vinci. Has llegado al último capítulo del libro y te doy mis últimas palabras. A estas alturas, ya comprendes lo que se necesita para iniciar un negocio y mantenerlo abierto. Te enfrentarás a desafíos y luchas. Lo importante a recordar es que la belleza está en la lucha. Cada desafío que enfrentes te hará más fuerte y permitirá que tu negocio crezca más allá de sus límites preconcebidos. Ojalá pudiera decirles que es un viaje seguro y estable, pero esto no te sería favorable si lo hiciera.

La vida de un emprendedor apesta. Está lleno de soledad e incertidumbre Y te felicito y aplaudo por haber elegido este camino.

Tomando acción masiva

No hay nada más importante que tomar lo que has aprendido aquí y ponerlo en práctica. Y cuando lo hagas, hazlo de manera extraordinariamente masiva. Quiero que empieces a pensar y a hacer las cosas de manera irracional.

Si planeas hacer 10 llamadas telefónicas a tus posibles clientes, quiero en su lugar que hagas 100. Si planeas escribir un artículo de tu blog a la semana. ¡Quiero que hagas 10! Multiplica todo lo que haces por al menos 10 y si no, ¡multiplícalo por 100!

Uno de mis mentores ha introducido una idea llamada la Ley de los promedios. Esto se basa en la idea de que más es, simplemente, más. Cuanto más inviertas tu tiempo en desarrollar tu negocio, más ingresos podrás generar. Cuanto más salgas a buscar clientes potenciales, más ventas podrás realizar.

Lo bueno de administrar tu propio negocio es que tú eres cien por ciento responsable de la cantidad de dinero que ganas.

Esperaría que hubieras comenzado tu negocio a estas alturas, ¿qué te está frenando?, ¿es el miedo o está diciendo que no es el momento adecuado o la situación adecuada? Escuche, cualquier momento es el momento adecuado para comenzar un negocio. No hay ninguna ley que te diga cuándo sí y cuándo no puedes iniciar un negocio.

Si eres propenso a poner muchas excusas, quiero que te eches un vistazo a ti mismo y tu interior. ¿Cómo las excusas impactan en tu vida? Quizá tus excusas te han impedido vivir en el presente. Quizá te impidan tomar la decisión de ser feliz y alegre.

La razón por la que escribí este libro no es por gloria o fama, sino por mi amor a la humanidad. Para aquellos que aún no han "despedido a sus jefes", quiero que imaginen la posibilidad de alegría y felicidad que eso podría traerles.

Inténtalo. Crea emoción en tu vida. Rompe las reglas y salte del status quo. Realmente quiero que sientas lo que yo estoy sintiendo. Lo que siento todos los días no es producto de mi éxito, sino que es una decisión. Me tomó mucho tiempo darme cuenta que la felicidad no viene de un conjunto de situaciones o circunstancias. Todo surge a partir de una decisión. La decisión de despedir a tu jefe. Quizá es tu voz interior negativa la que ha sido tu jefe todo este tiempo.

Quiero que por fin despidas a esa voz, a lo que sea que te detenga y te impida cumplir tus sueños. Hazlo. Ahora mismo.